VERSCHOENERUNGS - PLAN
DER
UMGEBUNG von POTSDAM
entworfen von Lenné
SACROWER
SEE
Sacrow
Cladow
DER
JUNGFERN
SEE
GLIENECKSCHE
WERDER
Stolpe
STOLPSCHES
LOCH
STOLPSCHE
SEE
DER
HEILIGE
SEE
NAUENER
VORSTADT
HAVEL
COLONIE NOWAWES
TELTOWER VORSTADT
Neuendorf
Drewitz

Preussische Residenzen

Hartmut Dorgerloh · Michael Scherf

Preussische Residenzen

Königliche Schlösser und Gärten in Berlin und Brandenburg

Deutscher Kunstverlag München · Berlin

Abbildung auf dem Vorsatz:
Peter Joseph Lenné, Verschönerungs-Plan
der Umgebung von Potsdam (1833).

Herstellung: Jens Möbius
Reproduktionen: LVD Berlin
Druck und Bindung: Druckerei zu Altenburg, Altenburg

ISBN 3-422-06654-3
ISBN 978-3-422-06654-0

Inhalt

MECKL
STRELITZ
Neustrelitz
Neubrandenburg
Strasburg
Pasewalk
STETTIN
Prenzlau
Templin
Angermünde
Schwedt
Neu Ruppin
Oranienburg
Eberswalde
Bernau
Freienwalde
Wriezen
Küstrin
SPANDAU
BERLIN
CHARLOTTENBURG
Steglitz
POTSDAM
BRANDENBURG
Fürstenwalde
FRANKFURT
Beeskow
Luckenwalde
Jüterbog
Lübben
Wittenberg
KOTTBUS
Herzberg
Schlieben
Zossen
Müncheberg
Buckow
Strausberg
Werneuchen
Kyritz
Rheinsberg
Gransee
Zehdenick
Lindow
Beelitz
Treuenbrietzen
Belzig
Storkow
Friedland
Guben
Forst
Lieberose
Peitz
Luckau
Dahme
Baruth
Kalau
Finsterwalde
NIEDER
BARNIM
OBER
LEBUS
UCKERMARK
PROV. SACHSEN

Preußen ist Geschichte: 1918 dankte der letzte preußische König und deutsche Kaiser, Wilhelm II., ab und 1947 lösten die alliierten Siegermächte des Zweiten Weltkrieges endgültig den preußischen Staat auf. Als historisches Phänomen wird bis heute über Preußen kontrovers diskutiert. Als die aus Süddeutschland stammenden Hohenzollern 1415 mit der Mark Brandenburg belehnt wurden, war ihr Aufstieg vom Kurfürsten zum preußischen König und schließlich zum Deutschen Kaiser nicht absehbar. Die Kontinuität der Dynastie, protestantisch gestärkter Pragmatismus, militärische Stärke, die Offenheit gegenüber anderen kulturellen oder religiösen Einflüssen einerseits sind dafür die Gründe. Andererseits war diese erfolgreiche Entwicklung mit territorialen Eroberungen sowie Unterdrückungen nach innen und außen verbunden. Die preußische Geschichte unterscheidet sich darin nicht grundsätzlich von der anderer europäischer Staaten. Sie ist facettenreicher als es das Schwarz und Weiß des preußischen Wappens suggerieren mag.

Unbestritten ist die herausragende Bedeutung der Schlösser und Gärten der preußischen Könige, die zugleich die wechselvolle Geschichte Preußens, Deutschlands und Europas dokumentieren. Die Reihe der Bauherren reicht von Joachim II. über den »Großen Kurfürsten«, Friedrich Wilhelm, Friedrich II., den »Großen«, den »Romantiker auf dem Thron«, Friedrich Wilhelm IV., bis zum letzten Kaiser, Wilhelm II. Nicht weniger eindrucksvoll sind die Namen der von ihnen beauftragten Architekten, Künstler und Gartengestalter, die immer zu den Besten ihrer Zeit zählten: Schlüter und Eosander, Knobelsdorff und Pesne, Schadow und Langhans oder Pückler und Schinkel. Beeindruckend ist auch der Reichtum der künstlerischen Ausstattung der Schlösser und Gärten mit Skulpturen, Gemälden, Möbeln oder Porzellanen, die sich programmatisch zu einzigartigen Raumkunstwerken verbinden und vom hohen Rang und politischen Anspruch der preußischen Könige künden.

Berlin und später Potsdam als zweite Residenz blieben das politische Zentrum des immer größer werdenden Staates. Dort konzentrierten sich die Bauaktivitäten der Herrscher, die regelmäßig durch neue Anlagen den architektonischen und künstlerischen Reichtum Preußens vermehrten. Im Ergebnis entstand vor allem rund um Potsdam ein Netzwerk von bedeutenden Schloss- und Gartenanlagen, deren Kernbereich der große Gartenkünstler Peter Joseph Lenné im 19. Jahrhundert zu einem kunstvoll gestalteten Ensemble zusammenfügte. Seit 1990 sind die »Schlösser und Gärten in Berlin und Potsdam« in die UNESCO-Liste des Natur- und Kulturerbes der Menschheit aufgenommen.

Nach dem Ende der Monarchie übernahm der preußische Staat die Schlösser und Gärten und übertrug sie 1927 nach einem Vertrag über das Vermögen mit dem ehemals regierenden Königshaus der eigens dafür gegründeten Verwaltung der »Staatlichen Schlösser und Gärten«. Bis heute ist das damals entwickelte Konzept der »Museumsschlösser« gültig, die Schlösser und ihre Ausstattungen gemeinsam mit den Gärten als historisch gewachsene Komplexe zu erhalten und der Öffentlichkeit zugänglich zu machen.

Der Zweite Weltkrieg hatte verheerende Folgen für die königlichen Schlösser. Bomben und Brände zerstörten bedeutende Schlösser und trotz rechtzeitiger Evakuierung gingen viele Kunstwerke verloren oder wurden als Kriegsbeute abtransportiert. Die deutsche Teilung betraf auch die Verwaltung der Schlösser und Gärten. Sie war ebenso in Ost und West getrennt wie die Schloss- und Gartenlandschaft, die zwischen West-Berlin und Potsdam nach 1961 brutal durch die Mauer zerschnitten wurde. Aber trotz aller Schwierigkeiten unternahmen beide Schlösserverwaltungen große Anstrengungen in der Wiederherstellung und Erhaltung der ehemaligen königlichen Anlagen.

Der Fall der Mauer und die deutsche Wiedervereinigung 1989/90 eröffneten auch für das gemeinsame preußische Kulturerbe neue Perspektiven. Jetzt konnten verlagerte Kunstwerke und Sammlungen wieder an ihre ursprünglichen Plätze zurückkehren, zerstörte Gärten wiederhergestellt und bedeutende Schlösser in der Mark Brandenburg restauriert werden.

1995 gründeten die Länder Berlin und Brandenburg die gemeinsame »Stiftung Preußische Schlösser und Gärten Berlin und Brandenburg«, die auch von der Bundesregierung finanziell mitgetragen wird. Die Stiftung ist für die Erhaltung, Erforschung und Erschließung von ca. 800 Hektar historischer Gärten und über 150 historischen Gebäuden in Berlin, Potsdam und der Mark Brandenburg verantwortlich. Heute sind die Gärten sowie über 30 Schlösser und Bauwerke, die alle in diesem Buch vorgestellt werden, öffentlich zugänglich.

Herzlich Willkommen in den Schlössern und Gärten der preußischen Könige!

Königliche Schlösser und Gärten in Berlin

Die an einem flachen Übergang der Spree im 12. Jahrhundert entstandene Stadt Berlin wurde 1486 zur ständigen Residenz der brandenburgischen Kurfürsten. Auf der Spreeinsel begann 1443 unter Kurfürst Friedrich II. der Bau eines Schlosses, das für fünf Jahrhunderte die städtebauliche Mitte der Stadt und das politische Zentrum Brandenburg-Preußens bilden sollte. Die kontinuierliche Entwicklung des Kurfürstentums schlug sich im 16. Jahrhundert in baulichen Erweiterungen und dem Ausbau eines repräsentativen Renaissancehofes nieder. 1542 ließ Kurfürst Joachim II. mit dem Jagdschloss Grunewald das erste der Schlösser vor den Toren Berlins bauen.

Der Dreißigjährige Krieg (1618–1648) hatte für Berlin verheerende Folgen: der Hof residierte in den sicheren östlichen Landesteilen, der Handel brach zusammen, die Bevölkerungszahl sank um ein Drittel auf rund 6000. Die starke Zunahme der Einwohnerzahl bis zum Ende des 17. Jahrhunderts auf rund 37000 resultierte aus der gezielten Aufbau- und Konsolidierungspolitik des »Großen Kurfürsten«, Friedrich Wilhelm (1640–1688). Er zog mit dem Hof wieder nach Berlin und begann mit dem Bau einer modernen Stadtbefestigung. Neben der Reorganisation der brandenburgischen Armee war es vor allem seine offensive Einwanderungspolitik, die die Wirtschaftskraft und den Handel stärkte. Die Ansiedlung von 5500 aus Glaubensgründen vertriebenen Franzosen, den Hugenotten, trug erheblich zum wirtschaftlichen Erfolg bei, der auch zur planmäßigen Anlage neuer Stadtquartiere führte.

Berliner Schloss, östliches Portal der Südseite von Andreas Schlüter (Portal I) (um 1900).

Der Aufstieg vom brandenburgischen Kurfürsten zum preußischen König veranlasste Friedrich I. um 1700 zu einem intensiven Ausbau seiner Residenz. Der prächtige Um- und Neubau des Schlosses durch Andreas Schlüter und Johann Friedrich Eosander (1698–1713), imposante neue Bauten wie das Zeughaus (1695–1706), das Lustschloss Charlottenburg (ab 1695) oder Schloss Monbijou (1703) für den mächtigen Minister, Graf Wartenberg, dokumentierten die repräsentativen Ansprüche des neuen Königreichs, das zu einer europäischen Macht geworden war.

Als Folge der Konzentration Friedrich Wilhelms I. auf die Armee stieg in seiner Regierungszeit (1713–1740) in Berlin der Anteil der Militärpersonen auf über 20%. Die preußischen Könige prägten den systematischen Ausbau der Stadt, die in der Mitte des 18. Jahrhunderts über 100000 Einwohner zählte. Als Landesherren hatten sie die städtischen Rechte und Freiheiten deutlich reduziert. Friedrich II. (1740–1786) ließ die Straße Unter den Linden zur großartigen Hauptachse ausbauen, mit dem Forum Fridercianum rund um das neue Opernhaus als Höhepunkt. Unmittelbar nach der Thronbesteigung ordnete er den Bau des Neuen Flügels am Schloss Charlottenburg (1740–1746) an, das damit im Wesentlichen vollendet wurde. Danach konzentrierten sich seine baulichen Aktivitäten immer mehr auf Potsdam als seiner Nebenresidenz. Am Ende seiner Regierungszeit verfügte Berlin nicht nur über die bedeutendste deutsche Textilindustrie, sondern hatte sich auch als Hauptstadt einer Großmacht etabliert, die von den Ideen eines aufgeklärten Absolutismus geprägt war.

Allerdings hatte der Siebenjährige Krieg (1756–1763), der eine kurze feindliche Besetzung der Stadt einschloss, auch schon wirtschaftliche und politische Probleme in Preußen aufgezeigt.

Berliner Schloss, Mittelrisalit des Ostflügels im Schlüterhof (um 1900).

Diese wurden nicht konsequent gelöst und führten im Ergebnis 1806 zu einer vernichtenden militärischen Niederlage gegen Frankreich. Napoleon zog als Sieger durch das Brandenburger Tor in die Stadt ein und entführte die Quadriga von dort nach Paris. Die triumphale Rückkehr der Figurengruppe 1814 signalisierte eine erfolgreich eingeleitete Reformpolitik. Dazu gehörte die Stärkung der kommunalen Verantwortung der Stadt Berlin, die seit 1809 von einem Magistrat und einer Stadtverordnetenversammlung regiert wird. Allmählich entwickelte sich in der ersten Hälfte des 19. Jahrhunderts neben der höfischen auch eine breite bürgerliche Kultur, deren gemeinsame Interessen sich in der Gründung der Universität (1810) oder der Eröffnung des Alten Museums (1830) wiederfanden. Mit dem Regierungsantritt des architekturbegeisterten Königs Friedrich Wilhelm IV. (1840–1861) nahm die städtebauliche Entwicklung der Residenz einen deutlichen Aufschwung. Seine schon als Kronprinz mit dem Architekten Karl Friedrich Schinkel entworfenen Pläne sollten schnell umgesetzt werden: der Umbau des Lustgartenflügels des Schlosses (1844–57) und der Bau einer markanten Kuppel über der Schlosskapelle (1845–53), der Ausbau der Spreeinsel zu einer »Freistätte für Kunst und Wissenschaften« (ab 1841), der Neubau des Doms mit einer Grabanlage für die Hohenzollern (Planungen ab 1841, Ausführung als neobarocker Bau erst 1893–1905). Die wachsenden sozialen Konflikte führten 1848 zur »Märzrevolution«. Der König flüchtete kurzzeitig aus der Stadt, musste sich aber dort wenig später vor den Opfern verneigen. Danach kamen seine großangelegten Berliner Bauvorhaben nur noch langsam voran.

Parallel zum Aufstieg Preußens wurde Berlin nach 1850 zu der wichtigsten Stadt in Deutschland, am sichtbarsten in der Funktion als Hauptstadt des neuen, 1871 gegründeten Deutschen Reiches und Residenz der Kaiser. Die Bevölkerungszahl stieg bis 1912 auf über zwei Millionen. Die Stadt expandierte in alle Richtungen, verbunden mit den Vor-

Der barocke Ostflügel des Berliner Schlosses nach dem Zweiten Weltkrieg.

Der Mittelbau des Schlosses Monbijou von der Spreeseite (1940).

und Nachteilen einer Metropole. Diese rasante Entwicklung endete abrupt nach dem verlorenen Weltkrieg 1918 mit dem Zerfall der Monarchie. Revolutionäre Truppen besetzten Ende 1918 auch das Berliner Schloss und dokumentierten damit eindrücklich den Beginn einer neuen Epoche. 1920 kam es durch die Eingemeindung umliegender Orte zur Bildung von Gross-Berlin in den heutigen Grenzen der Stadt. Die wachsende Stadt nahm dadurch auch zahlreiche ursprünglich außerhalb gelegene Schlösser und Gärten der Hohenzollern in sich auf, die nun für verschiedene, zumeist öffentliche Zwecke genutzt wurden.

Die Bomben des Zweiten Weltkriegs trafen die bedeutendsten Schlösser Berlins schwer: das über Jahrhunderte gewachsene Schloss, ein Hauptwerk des europäischen Barock, sowie die Schlösser Monbijou, Bellevue und Charlottenburg. Die eher am Rand der Stadt gelegenen Schlösser wie Köpenick, Grunewald oder Glienicke blieben dagegen weitgehend unversehrt.

Die Teilung der Stadt nach 1945 und die Konfrontation der beiden unterschiedlichen politischen Systeme in Ost und West schlugen sich auch im Umgang mit den königlichen Schlössern nieder. Entgegen anfänglicher Abrisspläne konnten in West-Berlin die Ruinen des Schlosses Charlottenburg gesichert und sukzessive wieder aufgebaut werden. Das Schloss Bellevue (Wiederherstellung 1954–59) übernahm der Bundespräsident als Berliner Amtssitz.

In der DDR sprengte man 1950/51 trotz vieler Proteste die Ruine des Schlosses zugunsten eines Aufmarschplatzes. Das gleiche Schicksal erlitten die Reste des Schlosses Monbijou. Dagegen wurde das Schloss Schönhausen zunächst als Residenz des Präsidenten der DDR und danach als Regierungsgästehaus genutzt. Ingesamt aber dominierte die politische Auffassung, dass die Schlösser als Relikte Preußens, das mitverantwortlich für Militarismus und Krieg gemacht wurde, zugunsten einer neuen Gesellschaft abgerissen werden müssten. Nur das Schlossportal, von dem aus Karl Liebknecht 1918 die Räterepublik ausgerufen hatte, wurde programmatisch in den nahegelegenen Neubau des Staatsratsgebäudes der DDR (1962–64) integriert. Ebenso absichtsvoll baute man 1973–76 den Palast der Republik auf einem Teil des ehemaligen Schlossgeländes.

Nach 1989 formierte sich eine starke Bewegung für einen Abriss des Palastes der Republik und einen Wiederaufbau des Schlosses. Beides ist nach kontroverser Diskussion inzwischen vom Deutschen Bundestag beschlossen worden.

Schloss und Park Charlottenburg

Das Schloss Charlottenburg blickt als größte erhaltene Hohenzollern-Residenz in Berlin auf eine 300-jährige wechselvolle Bau- und Nutzungsgeschichte zurück und dokumentiert heute mit seinem Interieur und seiner Gartengestaltung beispielhaft die brandenburgisch-preußische Herrschaftskultur vom ausgehenden 17. bis zum frühen 20. Jahrhundert. Der ursprüngliche Bau, das Schloss Lietzenburg, wurde 1695 bis 1699 unter der Kurfürstin Sophie Charlotte, der zweiten Gemahlin Friedrichs III., nach Plänen Arnold Nerings in ländlicher Umgebung in der Nähe des Dorfes Lietzow errichtet, westlich vor den Toren Berlins. Mit dem Schloss von zunächst nur bescheidenen Ausmaßen sollte ein »maison de plaisance« entstehen, ein Lustschloss, in dem die philosophisch gebildete und musikalisch begabte Sophie Charlotte einen exklusiven Kreis von Künstlern und Gelehrten um sich sammelte und für wenige Jahre den ersten Musenhof Brandenburg-Preußens erblühen ließ. Noch vor Fertigstellung der Anlage machte die Krönung ihres Gemahls zum König in Preußen und damit auch ihre Rangerhöhung 1701 umfangreiche Erweiterungen notwendig. Nach Plänen Eosanders entstand durch die Verlängerung der Längsachse des Schlosses und durch den Bau zweier Kavalierhäuser eine majestätische Dreiflügelanlage nach französischem Geschmack. Die ehemals flache Kuppel auf der Gartenseite wurde auf die Stadtseite verschoben und durch einen Tambour erhöht. Im Inneren wurde gartenseitig eine repräsentative Enfilade von 13 Räumen mit einer Länge von 140 Metern eingerichtet, deren Höhepunkt das prunkvolle Porzellankabinett bildet. Eine Schlosskapelle versinnbildlichte die Verbindung von Thron und Altar.

Die Ehrenhofseite des Schlosses Charlottenburg mit Blick auf das von Nering und Eosander erbaute Alte Schloss. Der Bauherr, Kurfürst Friedrich III., stieg 1701 unter dem Namen Friedrich I. zum König in Preußen auf.

Sophie Charlotte von Hannover, Kurfürstin von Brandenburg und Königin in Preußen von Friedrich Wilhelm Weidemann (um 1702–05).

Friedrich I., Kurfürst von Brandenburg und König in Preußen von Friedrich Wilhelm Weidemann (um 1701).

Von zwei geplanten Orangerien wurde 1712 nur die westliche erbaut. Wie das Schloss erhielt auch der Garten eine barocke Gestaltung. Der Franzose Siméon Godeau schuf eine dreistufige Anlage nach Versailler Vorbild mit einer 500 Meter langen Terrasse, acht Broderiefeldern und einem

Seite 14, oben: Das Porzellankabinett bildet den prunkvollen Abschluss der Paradekammern Friedrichs I.

Seite 14, unten: Die Toilettekammer in der Zweiten Wohnung Sophie Charlottes.

Rechts: Die Schlosskapelle nach Plänen Johann Friedrich Eosanders wurde 1706 eingeweiht. Blick auf die Altarwand.

Unten: Die Rote Kammer verdankt ihren Namen der mit goldenen Tressen verzierten Damasttapete. Der Raum wurde von Friedrich I. vermutlich als Konferenzraum genutzt.

Nach Schloss Rheinsberg bildete der Neue Flügel, 1740 bis 1745 von Georg Wenzeslaus von Knobelsdorff erbaut, die neue Residenz Friedrichs des Großen.

Goldene Galerie. Der Festsaal des Neuen Flügels stellt einen glanzvollen Höhepunkt unter den friderizianischen Raumschöpfungen dar.

als Hafenbecken angelegten Karpfenteich. Der Garten, eine der frühesten französisch gestalteten Barockanlagen Deutschlands, wurde bis zum Tode Friedrichs des Großen im Jahr 1786 nicht grundlegend verändert.

Mit dem frühen Tod Sophie Charlottes im Jahr 1705 erlosch auch das kulturelle Leben in Schloss Lietzenburg. Im Gedenken an seine Gemahlin benannte König Friedrich I. das Schloss in Charlottenburg um. Es blieb seine bevorzugte Nebenresidenz.

Sein Nachfolger, der »Soldatenkönig« Friedrich Wilhelm I., zeigte kein Interesse am Schloss seiner Kindheit, und so kehrte erst mit der Thronbesteigung seines Sohnes, Friedrich II., der hier seinen ersten Regierungssitz nahm, das höfische

Die gartenseitig gelegene und kostbar ausgestattete Bibliothek Friedrichs II. in der Ersten Wohnung des Neuen Flügels.

Das Schlafzimmer der Königin Luise wurde 1810 nach Entwürfen Karl Friedrich Schinkels eingerichtet.

Das Schloss Charlottenburg von der Gartenseite mit den wieder hergestellten barocken Broderien.

Leben zurück. Er ließ ab 1740 als Vollendung des Schlosses durch Knobelsdorff den Neuen Flügel an Stelle der einst geplanten östlichen Orangerie erbauen und beseitigte damit den asymmetrischen Grundriss der Schlossanlage. Im Neuen Flügel entstanden mit den beiden Wohnungen, die Friedrich sich bis 1747 unter großem Aufwand einrichten ließ, prachtvolle Raumschöpfungen wie der Weiße Saal und die Goldene Galerie als Höhepunkte des friderizianischen Rokoko. Nach dem Einzug in seine neu erbaute Sommerresidenz Sanssouci in Potsdam 1747 nutzte Friedrich das Schloss nur noch für große Familienfeste. Mit seinem Nachfolger Friedrich Wilhelm II. hielt der Frühklassizismus Einzug in Schloss Charlottenburg. Im Neuen Flügel ließ sich der König 1788 in fünf Räumen auf der Gartenseite des Untergeschosses eine Sommerwohnung im etruskischen und chinesischen Stil einrichten,

Das Belvedere im Charlottenburger Schlossgarten wurde 1788 von Carl Gotthart Langhans für Friedrich Wilhelm II. erbaut. Heute befindet sich hier die KPM-Porzellansammlung des Landes Berlin.

Eisgefäß mit fleurs-en-terasse-Dekor aus der Königlichen Porzellanmanufaktur in Berlin (KPM), 1790/1795.

erweiterte das Schloss um einen Theaterbau und bereicherte den Garten um das Belvedere. 1790 folgte auf der Stadtseite die Kleine Orangerie. Die Fertigstellung der sieben frühklassizistisch ausgestalteten Winterkammern im Obergeschoss des Neuen Flügels im Jahr 1797 erlebte er nicht mehr. Der barocke Garten wurde unter Friedrich Wilhelm II. und seinem Nachfolger im Geschmack der Zeit schrittweise in einen englischen Landschaftspark umgewandelt, bis von der ursprünglichen Gestaltung kaum noch etwas erhalten blieb. Im 19. Jahrhundert erfuhr das Schloss keine wesentliche Veränderung mehr. Friedrich Wilhelm III. bewohnte ein schlichtes Appartement im Erdgeschoss, während seine Gemahlin Luise die Winterkammern ihres Schwiegervaters bezog. Nach dem frühen Tod Luises im Jahr 1810 ließ sich der König 1824 bis 1825 mit dem Neuen Pavillon ein Sommerhaus für sich und seine zweite Ehefrau errichten. Sein Sohn, Friedrich Wilhelm IV., logierte mit sei-

Der Neue Pavillon entstand 1824 bis 1825 nach Plänen Karl Friedrich Schinkels als Sommerhaus Friedrich Wilhelms III. und seiner zweiten Gemahlin Auguste von Harrach.

Das Mausoleum wurde 1810 von Heinrich Gentz ursprünglich nur für das von Christian Daniel Rauch geschaffene Grabmonument Königin Luises erbaut. Es beherbergt nach mehrfachen Erweiterungen auch den Sarkophag Friedrich Wilhelms III. und ist die Grabstätte Kaiser Wilhelms I. und Kaiserin Augustas.

Blick auf das Parterre des Schlossgartens. Der ab 1697 von Siméon Godeau angelegte Garten ist eine der frühesten französisch gestalteten Barockanlagen Deutschlands.

ner Gemahlin Elisabeth ab 1841 im Obergeschoss des barocken Mittelbaus. Er verlieh Teilen des Gartens wieder eine ornamentale, neobarocke Gestalt.

Kaiser Friedrich III. war während seiner nur 99-tägigen Regierungszeit im Jahr 1888 der letzte Bewohner von Schloss Charlottenburg.

Nach dem Ende der Hohenzollern-Monarchie 1918 übernahm die staatliche Schlösserverwaltung das Gebäude und eröffnete es 1927 zur Besichtigung. Im Zweiten Weltkrieg wurde das Schloss 1943 weitgehend zerstört, wesentliche Teile des Inventars jedoch entgingen durch Auslagerung der Vernichtung. Der seit den 1950er Jahren betriebene Wiederaufbau und die etappenweise Rekonstruktion sind weitgehend abgeschlossen. Der nach dem Krieg völlig verwüstete Garten zeigt heute wieder rekonstruierte barocke und landschaftliche Partien.

Schloss Schönhausen

Das Schloss Schönhausen ging aus einem kleinen Palais niederländischer Bauart hervor, das Kurfürst Friedrich III. im Jahre 1691 aus dem Besitz der Grafen Dohna erwarb und mitsamt der Gartenanlage durch die Baumeister Nering und Eosander erweitern und herrschaftlich ausgestalten ließ.

Sein Enkel, Friedrich der Große, wies das Schloss im Jahr 1740 seiner Gemahlin Elisabeth Christine von Braunschweig-Bevern als Sommerresidenz zu, in der sie bis zu ihrem Tod 1797 Hof hielt.

Die Verwüstung des Schlosses durch russische Kosaken während des Siebenjährigen Krieges führte ab 1763 zu weitreichenden Umgestaltungen, zu denen die Aufstockung der flachen Nebenflügel auf die Höhe des dreigeschossigen Corps de logis und der Einbau eines repräsentativen doppelläufigen Treppenhauses gehörte. Zahlreiche der neu eingerichteten Zimmer wurden mit kostbaren Tapeten, geschnitzten vergoldeten Spiegelrahmen und kunstvollen Supraporten ausgestattet. Es entstanden Schöpfungen wie die wertvolle Zedernholzgalerie und der Große Festsaal im Obergeschoss, dessen Decke der Bildhauer Johann Michael Graff mit prachtvollen Stuckaturen als Zeugnis der Raumkunst des späten friderizianischen Rokoko schmückte.

Nach dem Tod der Königin wurde das Schloss nur noch gelegentlich von fürstlichen Familienmitgliedern zum zeitweiligen Aufenthalt genutzt und verwaiste im Verlauf des 19. Jahrhunderts. Der barocke Garten erfuhr durch Peter Joseph Lenné ab 1827 eine Umgestaltung in einen Landschaftspark.

Im Jahr 1920 wurde das Schloss in staatliche Verwaltung übernommen und als Ausstellungsgebäude genutzt. Nach dem Zweiten Weltkrieg, den das Schloss fast gänzlich unbeschadet überstand, diente es als Amtssitz des Präsidenten der DDR und anschließend als Gästeschloss der Regierung.

Nach umfangreichen Restaurierungsarbeiten wird das Schloss Schönhausen als Dokument barocker Raumkunst und höfischer Wohnkultur der Öffentlichkeit als Museumsschloss zurückgegeben.

Das Schloss Schönhausen von der Gartenseite.

Nach 1763 entstand die mit kostbarer Vertäfelung und versilberten Spiegelrahmen ausgestattete Zedernholzgalerie im Erdgeschoss.

PFAUENINSEL

Im Jahre 1794 ließ sich Friedrich Wilhelm II. auf der Pfaueninsel, die er kurz zuvor als Erweiterung des Neuen Gartens und als romantisch-paradiesisches Refugium erworben hatte, ein kleines Lustschloss als malerische künstliche Ruine errichten. Die Planung und Ausführung oblag dem Hofzimmermeister Johann Gottlieb Brendel, der das Gebäude mit zwei Türmen und einer verbindenden Brücke weitgehend aus Holz erbaute und die dekorative Schaufassade zum Neuen Garten ausrichtete. Die bis heute erhaltene frühklassizistische Einrichtung und Ausstattung wurde stark von der Gräfin Lichtenau, der ehemaligen Mätresse des Königs, beeinflusst. Als größter Raum des Schlosses entstand der kostbar ausgestattete Festsaal im Obergeschoss, der dem König als Konzertzimmer diente. Das schwärmerische Fernweh des Bauherrn fand einen Ausdruck im »Otaheitischen Kabinett«, in dem die sehnsuchtsvoll verklärte tahitianische Inselwelt mit dem eigenen, naturbelassenen und wildnishaften Eiland verschmilzt. Zur gleichen Zeit wurde am entgegengesetzten Ende der Insel als Pendant zum Schloss die Meierei im gotischen Stil erbaut, ebenfalls als künstliche Ruine, in der Kühe gehalten wurden und man eine kleine Milchwirtschaft betrieb. Dem Wunsch nach einem einfachen, ursprünglichen Leben in unberührter Natur entsprechend, wurde die Insel mit ihrem Bestand an 400 alten Eichen nahezu unverändert belassen. Nur die unmittelbare Umgebung von Schloss und Meierei gestaltete der aus Wörlitz stammende Gärtner Johann August Eyser-

Das Lustschloss auf der Pfaueninsel wurde als künstliche Ruine auf Geheiß Friedrich Wilhelms II. 1794 von Hofzimmermeister Johann Gottlieb Brendel fast ganz aus Holz erbaut.

Das Schloss von der Seeseite. Ihren Namen verdankt die zuvor Kaninchenwerder genannte Insel den Pfauen, die auf dem Eiland angesiedelt wurden.

Für den klassizistisch ausgestalteten Festsaal im Obergeschoss des Schlosses wurden überwiegend einheimische Hölzer verwendet.

beck d.J., der zuvor schon im Neuen Garten tätig gewesen war, als frühen sentimentalen Garten. Ihr heutiges Aussehen erhielt die Insel durch den Sohn und Nachfolger Friedrich Wilhelm III., der sie als ländlich abgelegenen Sommersitz nutzte und eine »ferme ornée«, eine geschmückte Landwirtschaft, unterhielt. Er ließ die Pfaueninsel von Anton Ferdinand Fintelmann und Peter Joseph Lenné, der hier den ersten preußischen Rosengarten anlegte, zu einem Landschaftspark umgestalten. In die Parkgestaltung wurde eine Reihe neu errichteter Gebäude einbezogen, wie das Kavalierhaus in den Jahren 1803/04, später mit der gotischen Fassade

Seite 27: Die illusionistische Wand- und Deckenmalerei verleiht dem »Otaheitischen Kabinett« das Aussehen einer Bambushütte. Die Aussichten aus den aufgemalten Fenstern zeigen das Marmorpalais und das Schloss auf der Pfaueninsel eingebettet in eine tropische Landschaft.

eines Danziger Hauses versehen, und das in den Jahren 1830/31 nach Plänen Schinkels erbaute Palmenhaus, das 1880 niederbrannte. Eine Gedächtnishalle für Königin Luise wurde 1829 errichtet. Die Vorliebe des Königs für exotische Tiere aller Art führte zum Bau zahlreicher Menagerien. Sein Sohn und Nachfolger, Friedrich Wilhelm IV., übereignete einen Großteil des ausufernden Tierbestandes dem Berliner Zoologischen Garten. Mit dem Tod Friedrich Wilhelms III. im Jahr 1840 fand die künstlerische Entwicklung der Pfaueninsel ihren Abschluss.

Das kunstvoll gestaltete Treppenhaus im südlichen Schlossturm.

Die Meierei wurde 1795 in den Formen einer verfallenen gotischen Klosteranlage erbaut.

Das Kavalierhaus versah Karl Friedrich Schinkel mit der spätgotischen Fassade eines abgetragenen Danziger Patrizierhauses.

Der Luisentempel ist dem Andenken an die 1810 verstorbene Königin Luise gewidmet. Die Säulen aus Sandstein stammen vom Mausoleum im Charlottenburger Schlossgarten, wo sie durch solche aus rotem Granit ersetzt worden waren.

Schloss und Park Glienicke

Als Prinz Carl von Preußen, dritter Sohn König Friedrich Wilhelms III. und Königin Luises, sich nach seiner Italienreise im Jahr 1823 für das zum Verkauf stehende Landgut Glienicke interessierte, hatten zwei Männer dort bereits Proben ihres Könnens hinterlassen, deren Zusammenwirken nicht nur Schloss und Park Glienicke, sondern die gesamte Potsdamer Kulturlandschaft prägen sollte: der Architekt Karl Friedrich Schinkel und der Gartenkünstler Peter Joseph Lenné.

Der Vorbesitzer des Anwesens, Karl August Fürst von Hardenberg, hatte von Lenné einen Pleasureground anlegen lassen und Schinkel mit der Umgestaltung der Innenräume beauftragt. Prinz Carl, der Glienicke zu einem großen Landschaftsgarten umgestalten wollte, erwarb das Landgut am 1. Mai 1824 für sich und seine spätere Frau Marie von Sachsen-Weimar. Unmittelbar nach dem Kauf setzte eine über ein Jahrzehnt andauernde Phase tiefgreifender Veränderungen ein, in deren Verlauf der Prinz seinen Traum von antiker italienischer Architektur in südländisch anmutender Landschaft verwirklichte. Zunächst gestaltete Schinkel das am Hochufer der Havel gelegene Billardhaus zu einem Casino genannten Gartenhaus in klassizistischen Formen um, schuf eine antikisierende Innendekoration und richtete im Obergeschoss Wohn- und Schlafzimmer für Gäste ein. Auch das alte Gutshaus wurde 1824 bis 1827 zu einer von italienischen Vorbildern inspirierten Villa umgebaut. Im Obergeschoss entstanden die Wohnräume des Prinzen und seiner Gemahlin, wie der heute rekonstruierte Rote Saal oder der Weiße Salon. In die Schlossanlage wurde der umgebaute Pferdestall als Kavalierflügel einbezogen, hinter dem ein Turm der horizontal ausgerichteten Anlage einen Höhenakzent verleiht. Pergolen, Treppen und Höfe verbinden die Gebäude kunstvoll mit dem Garten, den Lenné nach englischem Vorbild in die Bereiche Blumengarten,

Die Gartenseite des Schlosses Glienicke mit dem 1838 eingeweihten Löwenbrunnen. Karl Friedrich Schinkel verlieh der Sommerresidenz des italienbegeisterten Prinzen Carl ein südländisches Gepräge.

Prinz Carl von Preußen. Künstler unbekannt (um 1827).

Der als Festsaal genutzte Rote Saal bildet den Mittelpunkt der Räumlichkeiten des Obergeschosses.

Das Blaue Eckzimmer nahm einst die Bibliothek des Prinzen auf.

Der Kavalierflügel des Schlosses, in dessen Erdgeschoss sich ursprünglich die Pferdeställe befanden.

Der Kleine Neugierde genannte Gartenpavillon ging aus einem 1826 von Schinkel umgebauten Teehaus hervor. Prinz Carl veränderte die Fassade später durch den Einbau einer in Italien erworbenen Renaissance-Arkade.

Nach dem Vorbild antiker Bauwerke und nach Entwürfen Schinkels wurde die Große Neugierde als Aussichtspunkt gestaltet.

Das Stibadium, ein überdachter, an einer Quelle liegender Sitzplatz nach antikem Vorbild, entstand 1840.

Der 1850 errichtete Klosterhof nahm bedeutende mittelalterliche und byzantinische Stücke der Kunstsammlung des Prinzen Carl auf.

Byzantinische Einfassung einer Fensteröffnung an der Nordwand des Klosterhofes.

Die Gartenseite des Casinos. Aus einem Billardhaus gestaltete Schinkel 1824 bis 1825 das Casino mit einem klassizistischen Marmorsaal. Im Obergeschoss befanden sich Gästewohnungen.

Pleasureground und Park gliederte. Der Pleasureground wurde mit einer Reihe kleinerer Bauwerke versehen, wie dem Stibadium, einem am Wasser gelegenen überdachten Sitzplatz, dem Löwenbrunnen sowie mit der Kleinen und der Großen Neugierde. Prinz Carl erstand als leidenschaftlicher Kunstsammler in Italien große Mengen antiker Bruchstücke und Skulpturen, die Gebäude und Garten schmücken und das südländische Ambiente der Anlage unterstreichen. Der Unterbringung besonders kostbarer Stücke der Kunstsammlung diente der 1850 errichtete Klosterhof. Nach vielen Jahrzehnten des Verfalls und der Zweckentfremdung, die dem Tod des Prinzen im Jahr 1883 folgten, wurden Park und Gebäude durch umfangreiche Restaurierungs- und Rekonstruktionsarbeiten dem ursprünglichen Zustand wieder angenähert.

Jagdschloss Grunewald

Das Jagdschloss Grunewald ist die älteste erhaltene Hohenzollern-Residenz auf Berliner Boden und zugleich ein einmaliges Zeugnis für die Architektur der Berliner Frührenaissance. Kurfürst Joachim II. Hektor von Brandenburg, ein den Wissenschaften und Künsten zugetaner Regent und ein leidenschaftlicher Jäger, ließ sich in abgelegenem, wild- und waldreichem Gelände ein Schloss, genannt »Zum gruenen Wald«, in den Formen der sächsischen Renaissance errichten. Der Kurfürst selbst legte am 7. März 1542 den Grundstein zu seinem damals noch weit außerhalb Berlins gelegenen Jagdhaus, dessen Ausführung vermutlich in den Händen des Baumeisters Caspar Theiß lag. Als Vorbilder dienten die Schlösser in Dresden und Torgau. Der ursprünglich nur zweigeschossige, wehrhafte Bau war von einem breiten Wassergraben umgeben, über den eine Zugbrücke zum Schlossportal führte. Von vielen Herrschergenerationen als Jagdstützpunkt und zum kurzen Aufenthalt genutzt, erfuhr das Schloss im Lauf der Jahrhunderte zahlreiche Veränderungen. Die gravierendste war der Umbau zu einem massiven, kubischen Block eines Barockbaues im Jahr 1706 durch den ersten König in Preußen, Friedrich I. Das Gebäude wurde aufgestockt, erhielt eine neue Dachkonstruktion und vergrößerte Fenster. Der achteckige Turm, der eine Wendeltreppe enthält, lässt den Renaissancekern des Gebäudes trotz dieses Eingriffs bis heute erkennen. Friedrich der Große ließ 1770 die südlichen Nebengebäude als Magazin für das Hofjagdzeug umgestalten. Mit der Wiederbelebung der Parforcejagd, die ab 1828 wieder jährlich im Grunewald abgehalten wurde, gewann das zwischenzeitlich verwaiste Schloss seine angestammte Funktion zurück. Die letzten baulichen Eingriffe und Modernisierungen fanden um 1900 durch Kaiser Wilhelm II. statt. Nach dem Ende der Hohen-

Kurfürst Joachim II. Hektor von Brandenburg von Lucas Cranach dem Jüngeren (um 1555).

Jagdschloss Grunewald, Hofseite. Das Schloss wurde im Jahr 1542 für den jagdbegeisterten Kurfürsten Joachim II. Hektor von Brandenburg als Renaissancebau errichtet und Anfang des 18. Jahrhunderts in barocken Formen umgestaltet.

Der Große Saal im Erdgeschoss. Seine Gestaltung im Stil der Renaissance geht auf die Erbauungszeit des Schlosses zurück.

Ankunft Kaiser Wilhelms I. zur Roten Jagd im Grunewald von J. Arnold und H Schnee (1887).

zollern-Monarchie gelangte das Schloss in staatliche Verwaltung und erhielt eine neue Nutzung. Das Mobiliar wurde vervollständigt und das Schloss mit zahlreichen bedeutenden Gemälden deutscher und niederländischer Künstler des 15. bis 18. Jahrhunderts ausgestattet, darunter Werke von Lucas Cranach dem Älteren und dem Jüngeren. 1932 konnte das Gebäude der Öffentlichkeit als Museum übergeben werden. Nachdem das Schloss den Zweiten Weltkrieg weitgehend unbeschadet überstanden hatte, öffnete es bereits im Jahr 1949 als erstes Berliner Museum seine Tore wieder. In den Jahren 1973/74 legten Restauratoren die Große Hofstube im Erdgeschoss aus der Zeit Joachims II. frei und gaben dem Schloss so ein wesentliches Element seines Renaissancecharakters zurück. Im ehemaligen Jagdzeugschuppen wurde 1977 ein Jagdmuseum eingerichtet.

Blick in das 1977 eingerichtete Jagdmuseum.

Königliche Schlösser und Gärten in Potsdam

Die 993 erstmals urkundliche erwähnte slawische Siedlung Poztupimi – das heutige Potsdam – war ein unbedeutendes märkisches Städtchen, bis es Friedrich Wilhelm, der »Große Kurfürst«, ab 1652 zur zweiten Residenz neben Berlin ausbaute. Den leidenschaftlichen Jäger begeisterte der Wildreichtum der von Wald und Wasser geprägten Gegend. Der Herrscher erwarb das Potsdamer Stadtgebiet und entwickelte weitreichende Pläne für eine systematische Verschönerung der umgebenden Landschaft. Sein Freund und Berater, Johann Moritz von Nassau-Siegen, formulierte 1664 als großes Ziel: »Das gantze Eyland muß ein Paradies werden (...).«

Beginnend mit dem Ausbau der halb verfallenen Burg am Übergang über die Havel (ab 1662, vermutlich nach Plänen von Johann Gregor Memhardt) zu einem Schloss sowie der Errichtung von Fasanerie, Kutschstall, Orangerie und Lustgarten entstanden rasch die Vorrausetzungen dafür, dass sich der kurfürstliche Hof ab 1671 regelmäßig in Potsdam aufhielt. Im Umfeld der Residenz wuchs die Stadt, befördert durch die gezielte Ansiedlung von Niederländern, Franzosen, Juden und Schweizern. Beeinflusst von der holländischen Gartenkunst wurden Pflanzschulen, Alleen, Zier- und Nutzgärten angelegt. Hier liegen in Verbindung mit den in der Nähe neu errichteten kleineren Schlössern in Caputh, Bornim und Glienicke die Wurzeln der Potsdamer Kulturlandschaft, die sich unter dem Regiment der preußischen Könige in den nächsten zwei Jahrhunderten herausbilden sollte.

Nachdem sich der erste preußische König, Friedrich I., auf Berlin konzentriert hatte, waren es vor allem seine beiden Nachfolger, die Potsdam zu einem prominenten Ort in Europa machten. Friedrich Wilhelm I. baute Potsdam zur Garnisonsstadt aus und sorgte für die planmäßige Erweiterung der Stadt, wozu auch das »Holländische Viertel« (1733–44) zählte. Die neuen Manufakturen produzierten vor allem für den wachsenden Bedarf der Armee, die immer stärker das Straßenbild und den Charakter Potsdams bestimmte. Friedrich II. vollendete dann den Ausbau zu einer repräsentativen königlichen Residenzstadt. Aber nicht nur Park und Schloss Sanssouci, sondern auch 621 Wohnhäuser, 29 Manufakturen und 99 Kasernen sowie zahlreiche öffentliche Gebäude entstanden in seiner Regierungszeit (1740–86). Dabei machte der König oft genaue Vorgaben, nach welchen italienischen oder englischen Vorbildern sich die Architektur zu richten hatte.

Friedrich Wilhelm IV. bestieg 100 Jahre später, 1840, den Thron. Gemeinsam mit dem berühmten Architekten Karl Friedrich Schinkel und dem genialen Landschaftsarchitekten Peter Joseph Lenné verfolgte er grandiose Pläne für eine Verschönerung der gesamten Gegend, die – inspiriert von Italien – Natur und Kunst harmonisch vereinten. Sanssouci, der von seinem Großvater angelegte Neue Garten mit dem Marmorpalais sowie die Schlösser seiner Brüder – Babelsberg für Wilhelm (I.) und Glienicke für Carl – bildeten dafür die markanten Ausgangspunkte. Bauten wie das Orangerieschloss in Sanssouci, das Belvedere auf dem Pfingstberg oder die große Kuppel der städtischen Hauptkirche St. Nikolai setzten neue Akzente. Auch wenn nicht alle Projekte verwirklicht wurden, entwickelte sich um Potsdam in der Mitte des 19. Jahrhunderts eine einzigartige Kulturlandschaft, die die Stadt und die sie umgebenden königlichen Schlösser und Gärten in einem spannungsvollen Beziehungsgeflecht verband. Dazu gehörten auch

Blick durch das Fortunaportal in den Innenhof des Potsdamer Stadtschlosses (um 1912).

Das Potsdamer Stadtschloss von der Lustgartenseite (Aufnahme aus den 1930er Jahren).

die neuesten technischen Errungenschaften der Zeit: Eisenbahn, Telegrafie oder Dampfmaschinenhäuser für die Wasserversorgung der Gärten. Die zentralen Bereiche dieser Schlösser- und Gartenlandschaft, die sich bis auf das heutige Berliner Stadtgebiet erstrecken, sind 1990 in die Welterbeliste der UNESCO aufgenommen worden.

In der Zeit der deutschen Kaiser, die sich regelmäßig in den Potsdamer Schlössern aufhielten, veränderte sich das Stadtbild weiter durch umfangreiche Bauten für das Militär, die Verwaltung und die Wissenschaft. Die Eliten des Reiches wohnten in den neuen Villenvororten, die sich zwischen den königlichen Gartenanlagen erstreckten. Der Verlust der Residenzfunktion 1918, die Reduzierung der Armee und die wirtschaftlichen Probleme der 1920er Jahre trafen das monarchistisch-konservativ gesinnte Potsdam empfindlich. Durch Eingemeindungen verdoppelte sich die Einwohnerzahl bis 1939 auf 136.000. Der seit 1900 kontinuierlich wachsende Fremdenverkehr, neue Wirtschaftszweige, wie die Filmindustrie in Babelsberg, oder der Ausbau der Forschungsinstitute auf dem Telegrafenberg mit dem berühmten Einsteinturm (1920/21 von Erich Mendelsohn) prägten zunehmend die Stadt.

Die Nationalsozialisten inszenierten die Reichstagseröffnung 1933 als »Tag von Potsdam« und versuchten, die preußischen Traditionen für ihre Zwecke in Anspruch zu nehmen. Zwölf Jahre später, am 14. April 1945, zerstörte ein Bombenangriff große Teile der Potsdamer Altstadt, darunter auch das Stadtschloss. Seine Ruine wurde erst 1960 gesprengt, ebenso wie einige Jahre später die Garnisonkirche und die Heiliggeistkirche. Sie fielen schließlich einer Politik der DDR zum Opfer, die sich auch städtebaulich bewusst gegen die preußische Geschichte richtete. Zunächst hatte man beim Wiederaufbau nach dem Krieg begonnen, die einzigartige barocke Stadtstruktur zu erhalten und an sie anzuknüpfen. Der Bau der Mauer zerstörte nach 1961 große Teile der Kulturlandschaft und schnitt Potsdam, seit 1952 Bezirkshauptstadt, von Berlin ab. Die unzerstörten königlichen Schlösser und Gärten blieben ein touristischer Anziehungspunkt und konnten seit den 1970er Jahren verstärkt restauriert werden. In dieser Zeit setzten auch erste erfolgreiche Bemühungen ein, den fortschreitenden Verfall der erhaltenen Teile der Altstadt zu stoppen. Der Fall der Mauer und die wiedergewonnene Funktion als Hauptstadt des Landes Brandenburg leiteten 1990 einen entscheidenden Wandel ein. Ausgehend vom historischen Stadtgrundriss konnten Innenstadt und Vororte umfassend saniert werden. Der Wiederaufbau der Garnisonkirche und des Stadtschlosses, von dem bereits das Fortunaportal neu errichtet ist, sind in der Diskussion.

Das Potsdamer Stadtschloss nach dem Zweiten Weltkrieg (1952).

Jagdschloss Stern

Das kleine Jagdschloss Stern, in den Jahren 1730 bis 1732 weit vor den Toren Potsdams im Stil eines schlichten holländischen Ziegelhauses entstanden, ist das einzige Schloss, das der »Soldatenkönig« Friedrich Wilhelm I. für sich selbst errichten ließ. Der König war als leidenschaftlicher Jäger ein Liebhaber der an europäischen Fürstenhöfen verbreiteten Parforcejagd, bei der das Wild von Reitern und Hunden bis zur Erschöpfung gehetzt und anschließend erlegt wurde. Zu diesem Zweck ließ sich der Regent schon 1725 bis 1729 südöstlich von Potsdam die Parforceheide als großes Jagdrevier erschließen. Vom Zentrum eines Wegesterns aus verliefen sechzehn strahlenförmig angeordnete Schneisen durch das flache, wald- und wildreiche Terrain. Diese so genannten Gestelle ermöglichten die hindernisfreie Hatz des Wildes. Das nach seiner Lage benannte Jagdschloss wurde entgegen damaliger Konvention nicht im Mittelpunkt des Sterns, sondern leicht versetzt erbaut. Hinter der Backsteinfassade mit einem Schweifgiebel und drei Fensterachsen liegt der Saal, der als einziger repräsentativer Raum mit gelb gestrichenen Wandvertäfelungen und geschnitzten Ornamenten, Gemälden und Trophäen ausgestattet wurde. Eine geflieste Küche, ein Adjutanten- und ein Schlafzimmer mit einer einfachen Bettnische bilden die übrigen Räumlichkeiten des Schlosses, deren zweckmäßige Einrichtung dem Beispiel der bürgerlichen Wohnkultur Hollands folgt. Die Nebengebäude, ein Kastellanshaus und ein Stall, wurden einheimischer Tradition folgend als Fachwerkbauten ausgeführt.

Das als holländisches Bürgerhaus gestaltete Jagdschloss Stern ist das einzige Schloss, das Friedrich Wilhelm I. erbauen ließ.

Das Jagdschloss Stern zeugt nicht nur vom bürgerlich geprägten Geschmack Friedrich Wilhelms I. Es ist vor allem Ausdruck seiner Wertschätzung der holländischen Backsteinarchitektur, die er als Kronprinz auf Reisen kennen gelernt hatte. Nach der Vollendung seines Jagdschlosses ließ er das Holländische Viertel in Potsdam im gleichen Stil errichten.

Der holzgetäfelte Saal mit Schnitzereien und Jagdtrophäen erstreckt sich als repräsentativer Raum des Jagdschlosses über die gesamte Breite des Gebäudes.

Schloss und Park Sanssouci

Elegant in die Breite gelagert und vom Lauf der Zeit scheinbar unberührt ruht Schloss Sanssouci auf dem Plateau des Weinberges. In nur zweijähriger Bauzeit wurde die Sommerresidenz Friedrichs des Großen in den Jahren 1745 bis 1747 nach Plänen des Architekten Georg Wenzeslaus von Knobelsdorff und nach Vorgaben des Bauherrn errichtet. Im Jahr zuvor war auf Geheiß Friedrichs der vor den Toren Potsdams gelegene Wüste Berg, der einen weiten Blick in eine reizvolle Landschaft bot, terrassiert worden. In kurzer Zeit entstanden am Südabhang des Berges sechs geschwungene Terrassen. In verglasten Nischen wurden Weinreben aus Italien, Frankreich und Portugal kultiviert, an den Mauern zwischen den Nischen gedieh Spalierobst. Der eingeschossige, langgestreckte und leuchtend gelb gestrichene Schlossbau folgt in freier Gestaltung dem Typus des »maison de plaisance«, des französischen Lustschlosses, und beherbergt zwölf kostbar ausgestattete Räume zu ebener Erde, die durch Flügeltüren direkt von der Terrasse aus zu betreten waren. An der Nordseite des Schlosses bilden zwei viertelkreisförmige Säulenkolonnaden einen Ehrenhof.

Mit der Lage auf dem Weinberg war das Motiv für die dekorative Ausschmückung des Schlosses gegeben. Der Bildhauer Friedrich Christian Glume schuf an der Südfassade 36 paarweise angeordnete gebälktragende Karyatiden als fröhliche, mit Weinlaub geschmückte Bacchanten und Bacchantinnen. Auch in den Innenräumen des Schlosses, die Johann August Nahl, die Gebrüder Hoppenhaupt und Knobelsdorff als Kunst- und Hauptwerk des friderizianischen Rokoko gestalteten, setzt sich das Weinthema und die damit verbundene Vorstellung von heiterem Lebensgenuss in arkadischer Umgebung in üppigen Stuckarbeiten, Reliefs, Skulpturen und Gemälden fort.

Das repräsentative Zentrum des Schlosses bildet der prachtvolle, dem Pantheon in Rom frei nachgebildete Marmorsaal. Hier fanden die be-

Das Schloss Sanssouci, als ein Hauptwerk deutscher Rokokoarchitektur in nur zweijähriger Bauzeit von Georg Wenzeslaus von Knobelsdorff errichtet, war von 1747 bis zu seinem Tod die Lieblingsresidenz Friedrichs des Großen.

Friedrich der Große von Anton Graff (um 1781).

Rechte Seite: Im Marmorsaal, von Knobelsdorff in Anlehnung an den Pantheon in Rom entworfen, fanden die legendären Tafelrunden Friedrichs des Großen statt.

rühmten Tafelrunden Friedrichs II. statt, an denen führende Köpfe der Zeit teilnahmen und deren prominentester Gast der französische Philosoph und Aufklärer Voltaire war. Dem Marmorsaal liegt das Vestibül, in dem das Säulenthema des Hofes fortgeführt wird, als Empfangszimmer gegenüber. Östlich befinden sich die fünf Zimmer Friedrichs, zu deren kostbarsten das Konzertzimmer gehört. In diesem festlichen Raum, nach Art eines Spiegelsaales gestaltet und vom Hofmaler Antoine Pesne mit fünf großen Wandgemälden ausgestattet, wirk-

Der Mittelrisalit des Schlosses mit Namenszug und den von Friedrich Christian Glume geschaffenen Bacchanten und Bacchantinnen.

Blick von den Kolonnaden über den Ehrenhof zur Historischen Mühle.

Das Raumkunstwerk der mit Zedernholz getäfelten Bibliothek war das private Refugium Friedrichs II.

Das Konzertzimmer, ein Hauptwerk des friderizianischen Rokoko, war der Schauplatz der berühmten Flötenkonzerte des Königs.

Die nach einem einheitlichen Schema gestalteten Gästezimmer, wie das 3. Gästezimmer mit seiner rot-weißen Wandbespannung, waren nicht so prächtig wie die Räume des Königs ausgestattet.

Friedrich stattete die Kleine Galerie mit kostbaren Skulpturen und Gemälden aus, darunter der Jahrmarkt der Komödianten von Antoine Watteau (um 1715).

Kleine Galerie, Statue der Athena mit dem Erechthoniosknaben. Kopie des römischen Originals.

Der Brautzug von Antoine Watteau (um 1709) in der Kleinen Galerie.

In seinem Wohn- und Arbeitszimmer verstarb Friedrich der Große am 17. August 1786. Sein Nachfolger Friedrich Wilhelm II. ließ das Zimmer noch im selben Jahr frühklassizistisch umgestalten.

te Friedrich, ein talentierter Querflötenspieler, bei den Aufführungen seines Hoforchesters als Solist. Die Räume des Schlosses liegen in einer Enfilade, einer Zimmerflucht mit axial angeordneten Verbindungstüren. Eine Ausnahme hiervon bildet das Kleinod der mit Zedernholz getäfelten Bibliothek im östlichen Rundbau mit ihren über 2.200 Bänden, die Friedrichs privates, den Blicken und dem Zutritt Anderer entzogenes Refugium war. Sie ist nur vom Schlaf- und Arbeitszimmer des Königs aus zu erreichen. Den Westflügel des Schlosses nehmen die fünf Gästezimmer ein. Das berühmteste von ihnen ist das so genannte Voltairezimmer, dessen naturalistisch bemalte Holzschnitzereien exotische Tier- und Pflanzenmotive darstellen. Der von Friedrich dem Großen gewählte Name, sans souci – ohne Sorge, sollte Programm sein. Anknüpfend an die unbeschwerten Kronprinzenjahre in Rheinsberg wollte Friedrich hier, weitab vom Hofstaat, so privat wie möglich leben und seinen musischen

Das Voltairezimmer wurde nach dem französischen Aufklärer und Schriftsteller benannt, der von 1750 bis 1753 auf Einladung Friedrichs in Potsdam weilte.

Oben und unten: Details der holzgeschnitzten Wanddekorationen des Voltairezimmers.

Die Bronzeskulptur des Betenden Knaben vor der Bibliothek auf der Ostseite des Schlosses ist ein Nachguss des 1747 von Friedrich erwobenen antiken Originals.

und philosophischen Neigungen nachgehen, sich als »Philosoph unter Philosophen« in geistreichen Gesprächen ergehen und sich ungestört seiner schriftstellerischen Tätigkeit widmen.

Friedrich der Große bewohnte sein Schloss Sanssouci fast vier Jahrzehnte jeweils von April bis Oktober. Er verstarb im Jahr 1786 in seinem Schlaf- und Arbeitszimmer. Sein Wunsch, in einer schlichten, schon 1744 angelegten Gruft auf dem Weinbergplateau neben seinen Windspielen beigesetzt zu werden, wurde erst an seinem 205. Todestag im Jahr 1991 erfüllt. Das verwohnte Sterbezimmer Friedrichs ließ der Neffe und Thronfolger, Friedrich Wilhelm II., durch den Architekten Friedrich Wilhelm von Erdmannsdorff aus Wörlitz im frühklassizistischen Stil neu gestalten.

Friedrich Wilhelm IV., Urgroßneffe und dritter Nachfolger Friedrichs II., erwählte im Jahr seiner Thronbesteigung 1840 Schloss Sanssouci zu seiner Sommerresidenz. Aus Respekt vor dem großen Vorgänger ließ er die Räume Friedrichs nahezu unangetastet und bewohnte mit seiner Gemahlin Elisabeth von Bayern den Gästebereich des Schlosses. Um zusätzliche Räumlichkeiten für die Hofhaltung zu gewinnen, ließ der Regent die flachen Wirtschaftsflügel aus friderizianischer Zeit durch seinen Architekten Ludwig Persius erwei-

Nach der Terrassierung des Weinberges und noch vor dem Bau seines Sommerschlosses ließ sich Friedrich 1744 eine Gruft anlegen, in der er erst 1991 seine letzte Ruhestätte fand.

Die Schlossküche im östlichen Seitenflügel mit einer Kochmaschine aus der Zeit Friedrich Wilhelms IV.

In unmittelbarer Nähe des Schlosses Sanssouci befand sich eine Bockwindmühle aus dem Jahr 1738, die Friedrichs Nachfolger Friedrich Wilhelm II. durch eine Holländermühle ersetzen ließ. Die Wiederherstellung der 1861 zum Denkmal erklärten und 1945 abgebrannten Mühle wurde im Jahr 2003 abgeschlossen.

Das Traumzimmer im Damenflügel gestaltete der Architekt Ludwig Persius nach einem Traumbild Friedrich Wilhelms IV.

tern. Neben einer Verlängerung um zwei Fensterachsen erhielten sie ein Obergeschoss und wurden so der Höhe des Schlosses angeglichen. Der einfühlsamen Hand des Architekten ist durch die harmonische Verbindung von Neuem und Altem zu verdanken, dass die Gebäude kaum als Anbauten des 19. Jahrhunderts zu erkennen sind. Im östlichen Flügel wurde eine große Schlossküche untergebracht, der Westflügel beherbergte im Erdgeschoss drei Wohnungen für Hofdamen. Im Obergeschoss richtete man zwei Kavaliers- und eine Damenwohnung ein. In Anlehnung an das Hauptgebäude erhielten die Wohnräume des Damenflügels eine Ausstattung im Stil des Zweiten Rokoko. Besonders bemerkenswert ist das grün boisierte und silberdekorierte »Traumzimmer«, das Persius einem Traumbild Friedrich Wilhelms nachgestaltete.

Wie beim Bau seines Lustschlosses griff Friedrich auch bei der Gestaltung des Gartens, die sich über drei Jahrzehnte erstreckte, immer wieder persönlich ein. Den Mittelpunkt der von Knobelsdorff geplanten symmetrischen Anlage bildete das von zwölf Marmorskulpturen umgebene, in einem barocken Broderieparterre gelegene Fontänenrondell am Fuß des Weinberges. Die Rampen an den Seiten der Terrassen wurden durch fünf-

Blick aus dem Vestibül durch die Kolonnaden des Ehrenhofes zum Ruinenberg. Die antikisierenden Staffagebauten umgeben ein Bassin, das für die Wasserversorgung der Fontänen des Parks erbaut worden war. Der Normannische Turm auf der linken Seite stammt aus der Zeit Friedrich Wilhelms IV.

reihige Baumpflanzungen eingefasst. Westlich davon, an beiden Seiten der schnurgerade vom Obelisken bis weit in den Rehgarten verlaufenden Hauptallee wurde das Boskett gestaltet, ein Lustwäldchen mit beschnittenen Büschen und Bäumen, gegliedert durch Rondelle und symmetrisch angeordnete Wege. Nach dem Bau des Neuen Palais, das die Hauptallee nach Westen abschließt, bildete der als früher Landschaftsgarten gestaltete Rehgarten das Bindeglied von neuem Schloss und Lustgarten.

Der dem Ehrenhof von Schloss Sanssouci gegenüberliegende Ruinenberg erhielt seinen Namen durch die von antiken Ruinen inspirierten Staffagebauten, die einen point de vue bilden und ein Wasserbassin umgeben, das für die Speisung der Fontänen im Park angelegt worden war.

Die von Georg Franz Ebenhecht geschaffene Corradini-Vase im westlichen Lustgarten.

Blick über die skulpturenumstandenen Fontänenbecken durch die Hauptallee zum Neuen Palais.

Wie schon der Weinberg, so verband auch der Garten das Schöne mit dem Nützlichen. Der Anbau von Obst und Gemüse zur Versorgung des Hofes spielte eine wichtige Rolle. In Heckenquartieren vor allem im östlichen Bereich der Hauptallee wurden Obstplantagen mit zahlreichen Bäumen angelegt und in einer Reihe von Treib- und Gewächshäusern Obst und Gemüse kultiviert. 1747 entstand zur Überwinterung der wertvollen Orangenbäume westlich des Schlosses, auf halber Höhe des Weinberges, eine Orangerie, die später zu den Neuen Kammern umgebaut werden sollte. Die Nachfolger Friedrichs des Großen ließen weite Bereiche des Parks von Gartenkünstlern wie Johann August Eyserbeck und Peter Joseph Lenné landschaftsgärtnerisch umgestalten, wobei die barocke Hauptallee erhalten blieb.

Friedrich Wilhelm IV. war intensiv um die Erhaltung und Erweiterung des Parks Sanssouci bemüht. Bereits als Kronprinz bereicherte er den friderizianischen Garten um den südlich gelegenen Park Charlottenhof, den Lenné im Stil des englischen Landschaftsgartens anlegte. Der König verwirklichte die von Friedrich geplanten Wasserspiele und ergänzte den Park durch kleinere Anlagen wie den Nordischen und den Sizilianischen Garten sowie den Marlygarten.

Friedrich Christian Glume schuf für das Musenrondell acht Marmorskulpturen, darunter Klio, die Muse der Geschichtsschreibung.

Die Sphinx im mittleren Lustgarten ist ein Werk des Bildhauers G. F. Ebenhecht.

Die Porträtherme Peter Joseph Lennés nach Christian Daniel Rauch (1847) im Hopfengarten, nördlich des Neuen Palais.

Bildergalerie

Der Wunsch Friedrichs II. nach einem eigenen Gebäude zur Präsentation von Gemälden und Skulpturen und einer damit verbundenen Aufwertung der Residenz Sanssouci führte 1755 zum Bau einer Bildergalerie. Die Wahl des Standortes fiel auf die östliche Seite des Weinberges, ein Stück unterhalb des Schlosses Sanssouci. Der vom Baumeister Johann Gottfried Büring ausgeführte Bau sollte das Pendant zum westlich gelegenen Orangenhaus bilden, den späteren Neuen Kammern. Es entstand ein langgestrecktes, eingeschossiges und nach Süden ausgerichtetes Gebäude, dessen vorspringende Mitte mit einer Kuppel versehen wurde. Zwischen den Fenstern fanden 18 Marmorskulpturen Platz, die Künste und Wissenschaften symbolisieren.

Einen Kontrast zu der relativ schlichten Fassadengestaltung bildet das prunkvoll mit weißem und gelbem italienischem Marmor, üppigen Vergoldungen und Skulpturen ausgestattete Innere des Gebäudes. Die beiden Galeriesäle und der überkuppelte Mittelsaal erstrecken sich fast über die gesamte Länge des Gebäudes. Die Bilder, die in vergoldeten Rahmen in dichter Hängung die Nordwand bedecken, wurden zum größten Teil eigens für das neu errichtete Gebäude erworben. Schon vor dem Baubeginn, dessen Ende sich wegen des Siebenjährigen Krieges bis 1763 verzögerte, hatte Friedrich den Kauf von Gemälden in Auftrag gegeben. Der König ließ sich bei der Auswahl der Bilder von seinem persönlichen Geschmack leiten. Hatte er in jüngeren Jahren vor allem mit Watteau und dessen Schülern die zeitgenössischen französischen Maler bevorzugt, so ließ er nun durch

Der Wunsch Friedrichs des Großen nach einem Gebäude zur Präsentation kostbarer Gemälde und Skulpturen führte ab 1755 zum Bau der Bildergalerie, dem ersten eigenständigen Museumsbau in Deutschland.

Blick in den Westsaal der Bildergalerie. Hier zeigte Friedrich in dichter Hängung die Werke der niederländischen Meister.

Eines der Hauptwerke der Bildergalerie:
Der ungläubige Thomas von Caravaggio.

Guido Reni, Der Tod der Kleopatra.
Das um 1626 entstandene Gemälde
erwarb Friedrich im Jahr 1763
für die Bildergalerie.

Mittelsmänner hauptsächlich Werke der italienischen Renaissance und des niederländischen und flämischen Barock ankaufen, wobei Friedrich die hoch angesehenen großformatigen Historiengemälde besonders schätzte. Ein Kabinett an der Ostseite des Gebäudes nahm die Gemälde kleineren Formates auf. Die Sammeltätigkeit des Königs endete, als die Bildergalerie ausgestattet war. Im Jahr 1770 beherbergte die Galerie 168 Gemälde. Zu den bedeutendsten Stücken zählen Werke wie »Der ungläubige Thomas« von Caravaggio, »Der Tod der Kleopatra« von Guido Reni und Peter Paul Rubens' »Amazonenschlacht«. Zukunftsweisend war das System, nach dem die Bilder gehängt wurden. Nach Malschulen geordnet, befanden sich im westlichen und im mittleren Saal die Gemälde der niederländischen Meister, im Ostflügel die italienischen Werke.

Ein bedeutender Teil der Sammlung wurde 1829 an die neu gegründete Gemäldegalerie im Alten Museum in Berlin übergeben. Diese Lücke wurde wie die nach dem Zweiten Weltkrieg entstandene durch Bilder aus den Königsschlössern und durch Neuerwerbungen aufgefüllt. Die Bildergalerie ist der älteste noch genutzte fürstliche Museumsbau in Deutschland.

Neue Kammern

Um seine Gäste trotz der begrenzten Zahl von Quartieren im Weinbergschloss in unmittelbarer Nähe unterbringen zu können, ließ Friedrich der Große das westlich unterhalb des Schlosses Sanssouci gelegene Orangeriegebäude zu einem Gästeschloss umbauen. Das Pflanzenhaus war 1747 nach Plänen Knobelsdorffs für die Überwinterung der wertvollen südländischen Kübelpflanzen erbaut worden. Die sieben großen Hallen der Orangerie, die in den Sommermonaten leerstanden, wurden für Bälle, Konzerte, Theater- und Opernaufführungen genutzt. Nachdem zwei Ersatzbauten für die Pflanzen errichtet worden waren, leitete der Baumeister Georg Christian Unger in den Jahren 1771 bis 1775 den Umbau zu einem Gästeschloss. Der Außenbau, der sonst kaum verändert wurde, erhielt in Anlehnung an die Bildergalerie eine Kuppel. Die Ausstattung der Innenräume im Stil des späten friderizianischen Rokoko lag in den Händen von Johann Christian Hoppenhaupt. Im Ostflügel entstand eine Folge von vier Sälen, deren Dekor sich von der Blauen Galerie bis hin zum unter der Kuppel gelegenen Hauptsaal steigert. Die Ovidgalerie, die als Spiegelgalerie französischen Vorbildern folgt, wurde von den aus Bayreuth stammenden Gebrüdern Räntz mit zahlreichen vergoldeten Reliefs geschmückt, die Motive aus den Metamorphosen des römischen Dichters Ovid zei-

Ein Motiv der Metamorphosen-Reliefs in der Ovidgalerie: Jupiter und Danae.

Der Mittelrisalit der Neuen Kammern. Das Gästeschloss Friedrichs II. entstand ab 1771 unter der Leitung von Georg Christian Unger durch den Umbau einer Orangerie.

Der prachtvolle Jaspissaal liegt als Festsaal unter der Kuppel im Zentrum des Schlosses. Benannt wurde er nach dem roten Halbedelstein, mit dem Wände und Boden verziert sind.

gen. Daran anschließend liegt im Zentrum des Schlosses der als Festsaal fungierende Jaspissaal, benannt nach dem Halbedelstein, mit dem Boden und Wandfelder verkleidet sind. Den Westflügel des Gebäudes, für das sich bald der Name Neue Kammern etablierte, nehmen in abwechslungsreicher Gestaltung die drei Wohn- und vier Schlafzimmer des Gästebereiches ein, wie das Grüne Lackkabinett oder das Große und das Kleine Intarsienkabinett. Die Appartements dienten vornehmlich der Unterbringung ranghoher Militärs während der regelmäßig abgehaltenen Truppenschauen und Herbstmanöver. Friedrich Wilhelm IV., der im Jahr seiner Thronbesteigung 1840 das Schloss Sanssouci zu seiner Sommerresidenz machte, ließ die Neuen Kammern von seinem Architekten Ludwig Persius in den Jahren 1842 bis 1843 umgestalten. Der Bau erhielt auf der Nordseite einen Säulengang und einen Portikus auf der Westseite. Um einer größeren Zahl von Gästen Quartier bieten zu

Die Ovidgalerie wurde als Konzertsaal in der Tradition französischer Spiegelsäle gestaltet. Die Gebrüder Räntz schufen vierzehn vergoldete Stuckreliefs nach Szenen aus Ovids Metamorphosen, einem Lieblingsbuch Friedrichs.

können, wurde an der zum Schloss Sanssouci gelegenen Schmalseite eine aus zwei Räumen bestehende Loggia angebaut. Die Wohnzimmer des Gästetrakts erhielten Alkoven, die sich hinter unauffälligen Wandeinschnitten verbergen. Sie nehmen den Raum der Dienerkammern ein, die in das neu entstandene Obergeschoss auf der Nordseite versetzt wurden. In einigen Zimmern logierten Hofdamen von Königin Elisabeth, der Gemahlin Friedrich Wilhelms IV.

Das Große Intarsienkabinett, eines der Gästezimmer der Neuen Kammern, wurde von den Gebrüdern Spindler aus Bayreuth geschaffen.

Neues Palais

Unmittelbar nach dem Ende des Siebenjährigen Krieges, der das Land beinahe an den Rand des Unterganges gebracht hatte, nahm Friedrich der Große den Bau des imposanten Neuen Palais in Angriff. Das repräsentative Schloss, das der Regent als seine »fanfaronnade«, seine Prahlerei, bezeichnete, hatte Symbolcharakter. Es sollte ein Zeichen der Macht eines siegreich und erstarkt aus dem Krieg hervorgegangenen Preußens sein.

Die Planungen, in die Friedrich II. wie bei all seinen Bauvorhaben gestaltend eingriff, stammten aus der Feder Johann Gottfried Bürings, der 1765 von dem aus Bayreuth berufenen Baumeister Carl von Gontard abgelöst wurde. Als Hauptwerk der späten friderizianischen Architektur entstand von 1763 bis 1769 in nur siebenjähriger Bauzeit eine weitläufige barocke, einen Ehrenhof umgebende Dreiflügelanlage mit über 300 Zimmern. Die langgestreckte und mächtige Fassade des zweieinhalbgeschossigen Gebäudes wird durch den hervortretenden, mit einer Scheinkuppel bekrönten Mittelbau des Corps de Logis und durch Sandsteinpilaster gegliedert, die beide Hauptgeschosse und den Mezzanin verbinden. Korrespondierend mit dem Hauptbau wurden auch die kleinen eingeschossigen Eckpavillons, die sich nördlich und südlich anschließen, mit Kuppeln versehen. Über 400 Skulpturen, Figuren aus der antiken Sagen- und Götterwelt, schmücken die Fassade und die Dachbalustrade. Sie wurden von einer großen Zahl von Bildhauern geschaffen, unter ihnen Johann Peter Benckert und die Gebrüder Räntz aus Bayreuth. Den westlichen Abschluss der Anlage bilden die Communs, zwei palastartige, ebenfalls überkuppelte Wirtschaftsgebäude. Sie beherbergten Küchen, Wirtschaftsräume, Hofstaat und Dienerschaft und verstellten den Blick auf das hinter ihnen liegende Ödland. Die Gebäude, die Entwürfen

Über eine Länge von zweihundert Metern erstreckt sich am westlichen Ende der Hauptallee die imposante Fassade des Neuen Palais, dem größten Schlossbau Friedrichs II.

Unmittelbar nach dem Ende des Siebenjährigen Krieges gab Friedrich der Große den Bau des Neuen Palais in Auftrag. Seine »fanfaronnade« sollte das Symbol eines erstarkten Preußens sein.

Die palastartigen Communs beherbergten die Küchen und sonstigen Wirtschaftsräume und dienten der Unterbringung von Dienerschaft und Hofstaat.

Jean Laurent Le Geays und Carl von Gontards folgen, sind durch eine halbrunde Säulenkolonnade verbunden, die sich in der Mitte zu einem Triumphtor öffnet.

Entsprechend seiner Funktion als fürstliches Gästeschloss wurde im Neuen Palais eine Reihe prunkvoll ausgestatteter Appartements eingerichtet, wie das Untere und Obere Fürstenquartier, die Prinzess- und die Heinrich-Wohnung. Mit der Ausstattung der Gästewohnungen im Stil des späten friderizianischen Rokoko war Johann Christian Hoppenhaupt betraut. Für das neue Schloss wurde eine Vielzahl künstlerisch bedeutender Ausstattungsgegenstände erworben oder in Auftrag gegeben, wie italienische und niederländische Barockgemälde und monumentale Deckenbilder, Porzellane und Mobiliar. Vom virtuosen Können der Kunsttischler zeugen zahlreiche mit kostbaren Intarsien und vergoldeten Beschlägen verzierte Prunkmöbel. Ihre Schöpfer waren vor allem Melchior Kambly und die Brüder Johann Friedrich und Heinrich Wilhelm Spindler. Herausragend sind die von Gontard ausgestatteten prachtvollen Festsäle

Rechte Seite, oben: Der sich zum Garten hin öffnende Grottensaal bildete den offiziellen Zugang zur Königswohnung und den Gästequartieren im nördlichen Erdgeschoss.

Rechte Seite, unten: Der imposante, von Gontard ausgestaltete Marmorsaal erstreckt sich als Hauptfestsaal über zwei Stockwerke und die gesamte Breite des Mittelrisalits.

Ein Glanzstück des Neuen Palais ist die Königswohnung, die sich Friedrich abseits der Fürstenquartiere und Festsäle im südlichen Eckpavillon einrichten ließ. Blick in das Konzertzimmer.

Im nördlichen Seitenflügel richtete Friedrich eine Wohnung für seinen Bruder Heinrich und dessen Gemahlin Wilhelmine ein. Blick aus dem Kabinett der Prinzessin in das Schlafzimmer.

Das Arbeitszimmer der Königswohnung, die Friedrich nur gelegentlich bewohnte.

Die Prunkkommode im Arbeitszimmer des Königs mit kostbaren Marketerien und versilberten Bronzen ist ein Werk von H. W. Spindler und M. Kambly.

und Galerien im Hauptbau, der Grottensaal und die Marmorgalerie im Erdgeschoss sowie der Marmorsaal und die Obere Galerie im Obergeschoss. Die künstlerisch bedeutendste Leistung stellt neben den Festsälen die Königswohnung mit ihrem Musikzimmer, der Bibliothek und den Arbeitskabinetten dar, die sich der eigensinnige König nicht standesgemäß im Corps de Logis, sondern abgelegen im kleinen Südflügel einrichtete. Die beiden Obergeschosse des großen Südflügels beherbergen das Schlosstheater, das Johann Christian Hoppen-

Das Schlosstheater des Neuen Palais zählt zu den wenigen erhaltenen Theatern des 18. Jahrhunderts in Deutschland. Friedrich ließ hier italienische Opern und französische Dramen aufführen. Blick von der Bühne in den Zuschauerraum.

haupt d.J. mit amphitheatralisch ansteigendem Parterre und mit vergoldeten Hermen gegliederten Rängen gestaltete. Friedrich der Große, der auf eine eigene Loge verzichtete, ließ in seinem Theater, das bis heute bespielt wird, italienische Opern und französische Dramen aufführen.

Gartenseitig wurde das neue Schloss durch ein Rasenhalbrund und Skulpturen mit dem Rehgarten verbunden, einem von Friedrich Zacharias Salzmann gestalteten frühlandschaftlichen Waldpark. Die durch das ehemalige Jagd- und Wildrevier führende und von Heckenquartieren gesäumte

Im Schlafzimmer des Unteren Fürstenquartiers verstarb Kaiser Friedrich III. im Jahr 1888.

Hauptallee stellte die Verbindung zwischen dem Lustgarten und dem Neuen Palais her. Vermittelnd zwischen Rehgarten und Rasenrondell, ausgerichtet auf die Eckpavillons des Neuen Palais, entstanden 1768 bis 1770 nach einer Idee Friedrichs und nach Plänen Gontards zwei antikisierende Rundtempel. Der südlich der Hauptallee gelegene offene Freundschaftstempel ist dem Andenken der 1758 verstorbenen Lieblingsschwester Wilhelmine von Bayreuth gewidmet. Das nördliche Pendant bildet der Antikentempel als kleiner abgeschlossener Museumsbau, in dem Friedrich Stücke seiner Antikensammlung verwahrte. Seit 1921 ist der Antikentempel das Mausoleum der im holländischen Exil verstorbenen Kaiserin Auguste Viktoria.

Nach dem Tod Friedrichs des Großen im Jahr 1786 wurde es still im Neuen Palais, das nur noch selten bewohnt wurde und gelegentlich als Kulisse für Festlichkeiten des preußischen Hofes diente. Erst ab 1859 erlebte das Schloss eine Wiederentdeckung und wurde zum Sommersitz des Kronprinzen Friedrich Wilhelm, dem späteren Kaiser Friedrich III., und seiner Gemahlin Victoria. Der Kaiser benannte das Schloss zu Beginn seiner nur 99 Tage währenden Regierungszeit in Schloss Friedrichskron um. Er verstarb dort im Jahr 1888. Unter altem Namen war das Neue Palais von 1889 bis 1918 die bevorzugte Residenz von Kaiser Wilhelm II. und seiner Gemahlin Auguste Viktoria, die das Schloss von Frühlingsbeginn bis Neujahr bewohnten. Der Kaiser setzte die von seinem Vater begonnenen Modernisierungen fort, so dass das Schloss schließlich über Bäder mit Wasserklosetts, eine Zentralheizung, Elektrizität und einen Fahrstuhl im Nordtreppenhaus verfügte. Der Haupteingang des Schlosses wurde auf die Gartenseite verlegt und die Terrasse vor dem Grottensaal zu einer skulpturengeschmückten Autoauffahrt umgestaltet.

Der Freundschaftstempel im Rehgarten ist dem Andenken an Wilhelmine von Bayreuth gewidmet, der 1758 verstorbenen Lieblingsschwester Friedrichs.

Zu den Modernisierungen im Neuen Palais gehörte der Einbau von Bädern in Puderkammern oder Wandschränken. Das Schrankbad in der Prinz-von-Preußen-Wohnung.

Chinesisches Haus und Drachenhaus

Die im 18. Jahrhundert in höfischen Kreisen verbreitete Chinamode fand ihren Ausdruck nicht nur in der Sammlung und Präsentation kostbarer chinesischer Luxusgüter wie Lackarbeiten, Seidenstoffe und Porzellan. Die asiatischen Zierformen, die in ihrer filigranen Verspieltheit dem Zeitgeschmack entgegenkamen, wurden alsbald nachgeahmt und als Chinoiserien dem Formenkanon des Rokoko hinzugefügt. Diese Mode erfuhr im Park Sanssouci mit dem Chinesischen Haus und dem Drachenhaus auch einen architektonischen Widerhall.

Das Chinesische Haus wurde 1754 bis 1756 nach Vorgaben Friedrichs II. von Johann Gottfried Büring als reizvolle Gartenstaffage in einem abgelegenen Bezirk am Rande des Rehgartens erbaut. Die Einweihung des einstmals hinter hohen Heckenwänden verborgenen Gebäudes verzögerte sich durch den Siebenjährigen Krieg und fand erst am 30. April 1764 mit einem königlichen Mahl statt. Der Grundriss des Pavillons folgt der Form eines Kleeblattes. Einer kreisrunden Halle in der Mitte des Gebäudes schließen sich drei pilzförmige Kabinette an, die außen durch offene Säulenhallen verbunden sind. Als Palmen gestaltete Säulen, die das zeltartig geschweifte Dach der Vorhalle stützen, betonen den exotischen Charakter des Hauses. Der reiche und hochwertige Figurenschmuck, der das Gebäude umgibt, wurde von Johann Peter Benckert und Johann Gottlieb Heymüller geschaffen. Lebensgroße vergoldete Sandsteinfiguren stellen musizierende und in kleinen Gruppen versammelte heitere, speisende und Tee trinkende Chinesen

Das Chinesische Haus schuf der Architekt Johann Gottfried Büring als reizvolle Kulisse für kleinere Hofgesellschaften.

Die von Johann Gottlieb Heymüller geschaffene Geigenspielerin ist eine von zwölf musizierenden Einzelfiguren am Chinesischen Haus.

Die illusionistische Wand- und Deckenmalerei von Thomas Huber zeigt eine Szenerie, die mit zahlreichen Chinesen, Buddhafiguren und exotischen Tieren bevölkert ist.

Sechs Figurengruppen umgeben den Pavillon, darunter die Gruppe der Melonenesser. Sie wurde von Johann Peter Benckert aus vergoldetem Sandstein geschaffen.

Das Drachenhaus wurde als Chinoiserie 1770 bis 1772 von Carl von Gontard erbaut. Als Vorbild diente die Pagode von William Chambers im Londoner Kew Gardens.

dar. Auf der Tambourkuppel thront ein von Benjamin Giese geschaffener Mandarin mit aufgespanntem Sonnenschirm. Der Saal wurde von Thomas Huber mit einem phantasievollen illusionistischen Wandbild versehen, das eine idealisierte chinesische Szenerie, exotische Vögel und herumtollende Affen zeigt. Der Pavillon beherbergt heute eine Sammlung chinesischer und europäischer Porzellane nach ostasiatischem Geschmack.

Das Drachenhaus auf dem Klausberg wurde als letzte Chinoiserie nach Art einer chinesischen Pagode 1770 bis 1772 nach Entwürfen Gontards erbaut. Auf einem achteckigen geschlossenen Erdgeschoss mit vier konkav geschwungenen Wänden ruhen drei offene Laternengeschosse mit hölzernen Balustraden. Die 16 auf den Dachfalten sitzenden Drachenskulpturen waren die Namensgeber des Hauses. Das Gebäude, das einige kleine Zimmer und eine Küche aufnahm, sollte ursprünglich als Wohnung des Winzers dienen, der die auf dem Klausberg angebauten Weinreben betreute. Es blieb jedoch über Jahre hinweg unbewohnt, bis nach einer Restaurierung 1787 der Aufseher des Belvederes dort einquartiert wurde. Seit 1934 wird im Drachenhaus, dem im 19. Jahrhundert eine Reihe von Anbauten hinzugefügt wurde, ein Restaurant betrieben.

Nach den Drachen auf den Dächern der Pagode wurde das Gebäude benannt.

Belvedere auf dem Klausberg

Das Belvedere auf dem Klausberg ist das jüngste der von Friedrich II. im Park Sanssouci errichteten Gebäude. Der weithin sichtbare helle Bau entstand in den Jahren 1770 bis 1772 durch den Baumeister Unger als erster architektonisch inszenierter Aussichtspunkt in Potsdam. Auf elliptischem Grundriss erheben sich zwei Geschosse, die in ein abschließendes Kuppelgeschoss münden, das von Sandsteinskulpturen umstanden ist. Beide Geschosse sind von Säulenumgängen umgeben. Eine doppelläufige Freitreppe auf der Nordseite bildet den Haupteingang des Gebäudes.

Das Innere des Belvederes bietet lediglich Raum für zwei Säle, die eine reizvolle Kulisse für kleinere Gesellschaften bildeten. Wände und Boden des Saales im Erdgeschoss waren mit rotem Jaspis und weißem und grauem Marmor verkleidet, der Saal im Obergeschoss erhielt einen Parkettboden aus Eichenholz und eine Wandverkleidung aus seladongrünem Stuckmarmor.

Vom Belvedere aus bietet sich ein weiter Blick über den Park und die umgebende Landschaft. Durch den Aussichtspunkt und die Gestaltung des benachbarten Terrains wurde der Klausberg in die Parkgestaltung des Neuen Palais einbezogen. Der Höhenzug, der den Garten nordöstlich begrenzt, wurde zum Weinanbau genutzt, an zahlreichen Treibmauern gedieh Obst.

Der Zweite Weltkrieg hinterließ das Belvedere auf dem Klausberg als vollständig ausgebrannte Ruine. Im Jahr 1990 wurde mit der Restaurierung bzw. Rekonstruktion des Außenbaues begonnen, die 1993 abgeschlossen wurde. Nach der teilweisen Wiederherstellung der Innenräume wurde das Belvedere 2003 der Öffentlichkeit übergeben.

Der Saal im Obergeschoss mit Blick auf die Kuppel des Neuen Palais. Das wieder hergestellte illusionistische Deckengemälde von Karl Christian Wilhelm Baron und Friedrich Wilhelm Bock zeigt einen mit Wolken und Vögeln belebten farbigen Himmel.

Das Belvedere auf dem Klausberg wurde von Georg Christian Unger nach Vorgaben Friedrichs II. als Blickpunkt und Aussichtsplatz gestaltet. Die Vorlage für das letzte Bauwerk des Königs im Park Sanssouci lieferte Francesco Bianchinis Rekonstruktion von Neros Kaiserpalast im antiken Rom.

Schloss und Park Charlottenhof

Das Schloss Charlottenhof bildet den Mittelpunkt des nach ihm benannten Parks, der ab 1826 angelegt wurde und sich als Erweiterung südlich an den friderizianischen Garten anschließt. Es wurde in den Jahren 1826 bis 1829 als sommerliche Kronprinzenresidenz des späteren Königs Friedrich Wilhelm IV. und seiner Gemahlin Elisabeth von Bayern auf der Grundlage eines Vorgängerbaues aus dem 18. Jahrhundert errichtet. Der Architekt Karl Friedrich Schinkel formte aus einem baufälligen, nach einer früheren Besitzerin benannten barocken Gutshaus eine kleine, von antiken italienischen Vorbildern inspirierte klassizistische Villa, die als ein Hauptwerk des Architekten gilt. Der künstlerisch begabte und architektonisch ambitionierte Kronprinz begleitete die Planung des Gebäudes intensiv mit einer Vielzahl von Skizzen und Entwürfen. Schinkel übernahm nicht nur die bauliche Gestaltung des Schlosses, sondern prägte mit dem Entwurf von Möbeln, Wanddekorationen und anderer Ausstattungsdetails maßgeblich auch die Inneneinrichtung. Das Schloss beherbergt auf kleinem Grundriss neben dem Vestibül, das beide Etagen einnimmt, zehn Wohnräume im Obergeschoss, darunter die Schreibkabinette von Friedrich Wilhelm und Elisabeth, ein Schlaf- und ein Wohnzimmer sowie zwei Zimmer für Hofdamen oder Gäste. Vom repräsentativen Speisesaal im Zentrum des Schlosses führen drei Flügeltüren durch den Portikus auf die durch Erdaufschüttung entstandene Terrasse, die östlich von einer Exedra, einer Rundbank nach antikem Vorbild, und im Süden von einer weinumrankten Pergola abgeschlossen wird. Die kleinen und intimen Wohnräume, deren Interieur fast vollständig erhalten ist, vermitteln mit ihrem sehr privaten Charakter das Bild einer gediegenen bürgerlichen Wohnkultur. Sie sind geprägt durch eine individuelle farbliche Gestaltung, zurückhaltenden Dekor, erlesenes Kunsthandwerk und Mobiliar. Zahlreiche goldgerahmte Kupferstiche, Aquarelle und Gouachen schmücken die Wände. Wie schon bei der Gestaltung der Schlossanlage von Glienicke stand dem Architekten der kongeniale Gartenkünstler Peter Joseph Lenné zur Seite. Auch bei der Anlage des Gartens, einem ehemals flachen und teilweise sumpfigen Terrain, orientierte man sich am Vorbild Italiens. Seine axiale Ausrichtung nimmt vom Hippodrom über die Ildefonso-Skulpturengruppe, den Dichterhain mit Büstenhermen italienischer und deutscher Dichter, die Terrasse und den symmetrisch angelegten Rosengarten bis hin zum Maschinenteich

Das kleine klassizistische Schloss Charlottenhof entstand 1826 bis 1829 durch die Umgestaltung eines Vorgängerbaues nach Plänen Karl Friedrich Schinkels und nach Entwürfen des Kronprinzen Friedrich Wilhelm als dessen Sommerresidenz.

Friedrich Wilhelm IV. und Elisabeth von Bayern von Karl Wilhelm Wach (1840).

Der Speisesaal mit dem von Schinkel entworfenen Büffettisch bildet den Mittelpunkt der Räumlichkeiten. Zusammen mit dem Vestibül, mit dem er durch eine Flügeltür verbunden ist, bildet er die Hauptachse des Schlosses.

Das nach Entwürfen Schinkels gestaltete und über beide Geschosse reichende Vestibül des Schlosses bildet den Zugang zu den herrschaftlichen Wohnräumen im Obergeschoss.

einen direkten Bezug zur Hauptachse des Schlosses und bindet es idealtypisch und harmonisch in die Gartenanlage ein. Den weiteren Bereich gestaltete Lenné im Stil des englischen Landschaftsgartens mit Einzelbäumen, Gehölzgruppen, Sichtachsen, effektvoller Bodenmodellierung und einem sensibel angelegten Wegesystem. 1842 bis 1844 bereicherte der Architekt und Schinkel-Schüler Ludwig Persius den westlichen Parkbereich durch den Bau der Fasanerie.

Der von Hermann Ludwig Sello im Jahr 1835 angelegte Rosengarten wurde 1885 in einen Blumengarten umgestaltet und 1995 in seinen ursprünglichen Formen rekonstruiert.

Seite 88, oben: Das Zeltzimmer wurde als Schlafzimmer für Hofdamen oder Gäste genutzt. Schinkel gestaltete es nach dem Vorbild des Zeltzimmers der Kaiserin Josephine in Malmaison bei Paris.

Seite 88, unten: Das von Schinkel entworfene Stibadium im Hippodrom. Die überdachte Ruhebank und die geometrisch angelegte Reitbahn folgen antiken Vorbildern.

Römische Bäder

Als ideelle und ästhetische Ergänzung der südländischen Lebenswelt des Charlottenhofs entstand in direkter Nähe von 1829 bis 1840 der Gebäudekomplex der Römischen Bäder. Mit der Umsetzung der häufig geänderten Pläne von Karl Friedrich Schinkel und dem Kronprinzen Friedrich Wilhelm wurde der Architekt Ludwig Persius betraut, in dessen Händen zuvor schon die Bauausführung des Charlottenhofes gelegen hatte. Der ländliche Gegenentwurf zu der fürstlichen Wohnanlage vereint als asymmetrisch gegliedertes Gebäudeensemble eine Reihe verschiedenartiger Baukörper, die durch Pergolen, Arkaden, Gärten und Lauben zu einer ausgewogenen, mediterranen Komposition vereint werden. Neben dem Gärtnerhaus im Stil eines toskanischen Landhauses des 15. Jahrhunderts, das die Wohnung des Gärtners und Gästezimmer des Kronprinzen beherbergte, entstand ein quadratischer Turm als Höhenakzent, ein südländisch geprägtes Gehilfenhaus und ein Teepavillon am Maschinenteich in Gestalt eines griechischen Tempels. Der künstlich angelegte kleine See wurde nach einem ehemals am Rosengarten gelegenen Dampfmaschinenhaus benannt, mit dessen Hilfe die Fontänen betrieben wurden. Hinter einer offenen Arkadenhalle, die den Innenhof nördlich begrenzt, birgt die Nachbildung eines römischen Wohnhauses ein Bad, das dem Gebäudeensemble den Namen verlieh. Die im pompejanischen Stil gestaltete Therme nimmt mehrere Räume ein, wie das Atrium, das Impluvium, das Apodyterium und das Caldarium. Die Anlage stellt keine exakte Rekonstruktion eines römischen Bades, sondern eine freie und spielerische Variation verschiedener Elemente antiker Innenarchitektur dar und wurde nie als Therme genutzt. Die Räume erhielten phantasievolle antikisierende Wandmalereien und wurden mit Antikenkopien und zeitgenössischen Skulpturen dekoriert.

Die Römischen Bäder von der Westseite.
Der malerische Baukomplex entstand als Ausdruck der Italienbegeisterung Friedrich Wilhelms von 1829 bis 1840 nach Plänen von Karl Friedrich Schinkel und Ludwig Persius.

Den wasserspeienden Butt schuf Christian Daniel Rauch 1833 nach Skizzen Friedrich Wilhelms.

Blick aus dem Atrium in das Impluvium, benannt nach dem Hauptraum des römischen Hauses und dem in den Fußboden eingelassenen Sammelbecken für Regenwasser. Die kolossale Wanne aus grünem Jaspis bekam Friedrich Wilhelm von seinem Schwager, dem Zaren Nikolaus I., geschenkt.

Das Caldarium ist als das Warmwasserbad der römischen Therme der Hauptraum des Bades. Hinter den vier Karyatiden aus Marmor liegt das in den Boden eingelassene Wasserbecken.

Dampfmaschinenhaus

Das unter Friedrich Wilhelm IV. in den Jahren 1841 bis 1843 vom Architekten Ludwig Persius erbaute Dampfmaschinenhaus ermöglichte mit einer 14 Kolbenpumpen antreibenden Dampfmaschine der Berliner Firma Borsig den Betrieb der Fontänen im Park von Sanssouci. Friedrich der Große hatte bereits ein Bassin auf dem Ruinenberg anlegen lassen, um mit dem Gefälledruck des 40 Meter durch eine Rohrleitung talwärts strömenden Wassers die Fontänen des Parks zu speisen. Das Unternehmen scheiterte jedoch an dem Versuch, das Havelwasser in die Höhe zu pumpen. Nach jahrzehntelangem Experimentieren und einer Unsumme vergeblich ausgegebenen Geldes wurden 1780 auf Befehl Friedrichs alle Bemühungen eingestellt. Der König musste auf die Wasserspiele und damit auf ein zentrales Element barocker Gartengestaltung verzichten. Friedrich Wilhelm IV. wählte als Standort für das Pumpwerk die Havelbucht aus, zu deren Verschönerung es beitragen sollte. Es wurde eine Druckleitung vom Maschinenhaus bis zum Bassin auf dem Ruinenberg verlegt und ein weitverzweigtes Rohrleitungssystem im Park zur Speisung der Fontänen. Im Oktober des Jahres 1842 wurde die 81,4 PS leistende und damit größte in Deutschland erbaute Dampfmaschine eingeweiht. Mit ihr gelang es nach beinahe 100 Jahren endlich, das Bassin auf dem Ruinenberg mit Havelwasser zu füllen und den Fontänenbetrieb im Park dauerhaft sicherzustellen. Der Bau des Dampfmaschinenhauses wurde im Einklang mit dem damals herrschenden Stilpluralismus nach Art einer ägyptischen Grabmoschee mit farbig glasierten Ziegelbändern, einer Tambourkuppel und einem schlanken Minarett als Schornstein ausgeführt. Auch der Maschinenraum im Inneren greift dieses gestalterische Thema auf, wobei hier südspanische Moscheen das Vorbild gaben. Die maurischen Arkaden, die die Dampfmaschine als Stützkonstruktion umschließen, kombinieren Stilformen der Alhambra und der Moschee von Cordoba und verleihen dem Maschinenraum mit der orientalisierenden Schablonenmalerei der Wände eine beinahe sakrale Atmosphäre. Bis heute versorgt das Dampfmaschinenhaus den Park Sanssouci über das Bassin auf dem Ruinenberg mit Havelwasser, allerdings nicht mehr mit der Dampfmaschine, die den Mittelpunkt eines kleinen Technikmuseums bildet, sondern mittels zweier elektrischer Pumpen.

Detail der von der Berliner Firma August Borsig konstruierten 80-PS-Dampfmaschine. Sie ermöglichte erstmals den Betrieb der Fontänen und Wasserspiele im Park Sanssouci.

Das einer ägyptischen Grabmoschee nachempfundene Pumpwerk wurde 1841 bis 1843 von Ludwig Persius erbaut.

Normannischer Turm

Die Pläne Friedrich Wilhelms IV. zur Erweiterung der Parkanlage von Sanssouci schlossen auch den Ruinenberg und die nördlich gelegene Bornstedter Feldflur ein. Um die landschaftlichen Reize des Umlandes angemessen würdigen zu können, wurde 1846 der viergeschossige Normannische Turm auf dem Ruinenberg als Aussichtsturm nach Plänen von Ludwig Persius unter der Leitung von Ferdinand von Arnim errichtet. Der 23 Meter hohe quadratische und zinnenbekrönte Turm im Stil eines mittelalterlichen Wachturms ergänzt die Ruinenbauten aus friderizianischer Zeit und beherbergte ein königliches Teezimmer und die Wohnung des Turmwärters in einem Nebengelass. Durch die Anlage von Wegen und Gehölzpflanzungen verlieh Peter Joseph Lenné dem Ruinenberg und dem nördlichen Terrain eine landschaftliche Gestaltung. Der im Zweiten Weltkrieg stark beschädigte und in der Folgezeit verfallene Normannische Turm wurde nach seiner Instandsetzung im Jahr 2001 der Öffentlichkeit als Aussichtspunkt übergeben.

Blick von der Viehtränke, einem von Ludwig Ferdinand Hesse entworfenen Springbrunnen, zum Ruinenberg.

Der Normannische Turm auf dem Ruinenberg entstand als Aussichtspunkt und Ergänzung der Staffagebauten Friedrichs des Großen im Jahr 1846 nach Entwürfen von Ludwig Persius.

Friedenskirche und Marlygarten

Den südöstlichen Abschluss des Parks Sanssouci bildet das malerisch-romantische Gebäudeensemble der Friedenskirche, das in den Jahren 1845 bis 1854 von den Architekten Ludwig Persius und Friedrich August Stüler nach Entwürfen Friedrich Wilhelms IV. in Anlehnung an italienische Vorbilder verschiedener Epochen erbaut wurde. Das spirituelle Zentrum der Anlage bildet die dreischiffige Säulenbasilika, die dem Vorbild der frühchristlichen Kirche San Clemente in Rom nachgestaltet wurde und weit in den künstlich angelegten Friedensteich hineinragt. Der freistehende Glockenturm folgt dem Campanile der Kirche Santa Maria in Cosmedin. Die Baugruppe vereint neben der Kirche mehrere klosterähnliche Nebengebäude wie ein Pfarr- und Schulhaus, ein Pförtnergebäude und einen Kavalierflügel. Inspiriert von romanischen Sakralbauten erhielt die Anlage mit dem Atrium und dem Kreuzgang zwei säulenumstandene Höfe, die wie der am Wasser gelegene überdachte Säulengang mit mittelalterlichen Spolien und Reliefs verziert wurden. Pergolen, Altane und Bogenhallen verbinden die Gebäude kunstvoll miteinander. Die Apsis des reich mit verschiedenartigen Marmoren ausgestatteten Kircheninnern wurde mit einem nördlich der Alpen einzigartigen italienisch-byzantinischen Mosaik aus der ersten Hälfte des 13. Jahrhunderts ausgeschmückt, das

Heinrich Berges schuf die Figur des Mädchens mit Papagei auf einer weiß-blauen Glassäule.

Das Gebäudeensemble der Friedenskirche entstand 1845 bis 1854 nach italienischen Vorbildern verschiedener Epochen als Ausdruck der romantischen Religiosität des Bauherrn.

Das von Julius Raschdorff erbaute Mausoleum an der Nordseite des Atriums beherbergt die von Reinhold Begas geschaffenen Sarkophage von Kaiser Friedrich III. und seiner Gemahlin Victoria.

Der Kreuzgang an der Friedenskirche. Die Christusfigur ist die Kopie eines Originals des dänischen Bildhauers Bertel Thorvaldsen.

der Kirche San Cipriano auf Murano bei Venedig entstammt. Friedrich Wilhelm hatte es 1834 vor dem Abriss der Kirche erstanden und die Maße der Apsis auf die Größe des Mosaiks abstimmen lassen. In einer Gruft unter dem Chorraum fanden der Bauherr und seine Frau, Elisabeth von Bayern, ihre letzte Ruhestätte.

Das Apsis-Mosaik mit dem thronenden Christus aus der ersten Hälfte des 13. Jahrhunderts stammt aus der Kirche San Cipriano auf Murano bei Venedig. Friedrich Wilhelm erstand es während einer Italienreise und ließ die Kuppel über dem Altarraum auf die Größe des Mosaiks abstimmen.

In den Jahren 1888 bis 1890 errichtete Julius Raschdorff an der Nordseite des Atriums das Mausoleum Kaiser Friedrichs III. als Kuppelrotunde, in der die Sarkophage mit den von Reinhold Begas geschaffenen Liegeskulpturen des Kaisers und seiner Gemahlin Victoria aufgestellt wurden.

Der Friedens- und der Marlygarten bilden den stimmungsvollen landschaftlichen Rahmen der klösterlichen Anlage. Mit der Umgestaltung des sich westlich anschließenden Marlygartens schuf der Gartenkünstler Peter Joseph Lenné auf kleinstem Raum eines seiner Meisterwerke. Der Garten war einst vom »Soldatenkönig« Friedrich Wilhelm I. als schmuckloser Küchengarten angelegt und parodistisch nach einem prachtvollen Garten des französischen »Sonnenkönigs« Ludwig XIV. benannt worden. Lenné formte auf kleinstem Raum einen mustergültigen Landschaftsgarten, der seine Wirkung durch das feinsinnige Arrangement von Bodenmodellierungen und Wegesystem, freien Rasenflächen und Gehölzpflanzungen, Sichtachsen, architektonisch gestalteten Ruheplätzen und Skulpturen zeitgenössischer Bildhauer erzielt.

Der Säulengang am Friedensteich, der um der malerischen Spiegelwirkung willen künstlich angelegt wurde.

Blick durch den Marlygarten zur Friedenskirche.

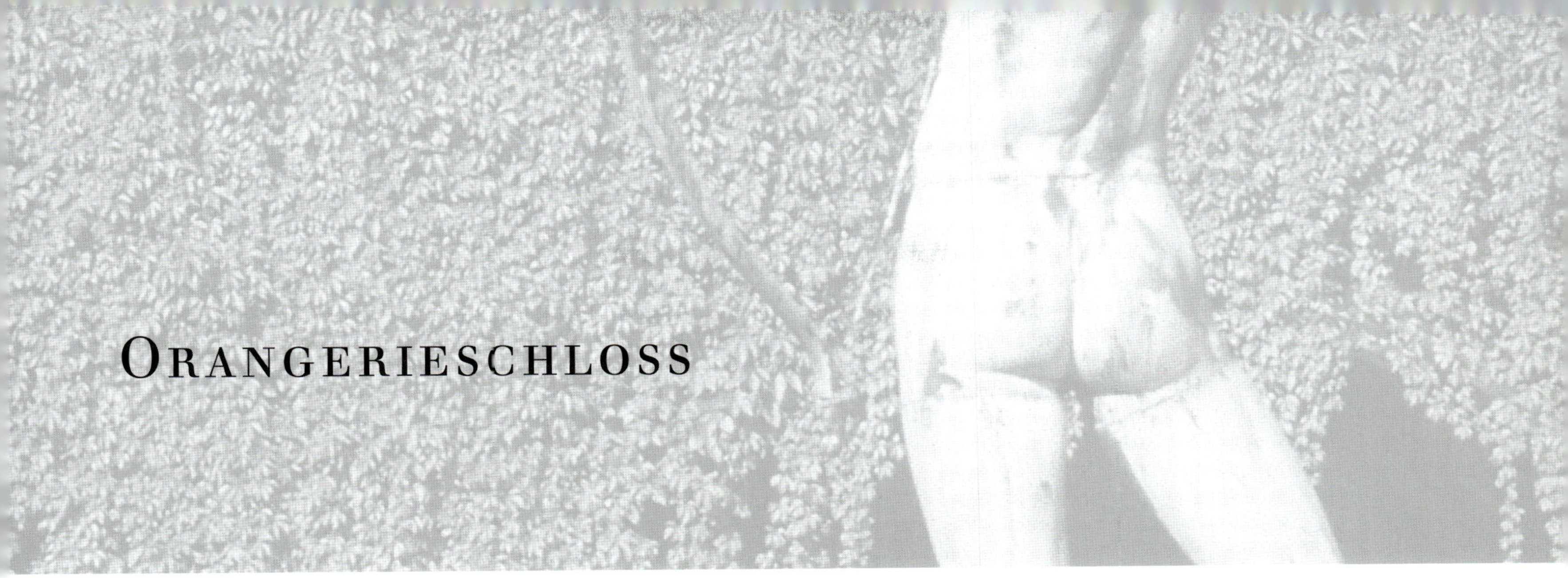

Orangerieschloss

Mit der Errichtung der Orangerie auf dem Höhenzug am Nordrand des Parks fand die Tradition fürstlichen Bauens in den Anlagen von Sanssouci einen glanzvollen Abschluss. In den Jahren 1851 bis 1864 wurden die Pläne zum Bau des Orangerieschlosses verwirklicht, die in einem langwierigen Prozess entstanden waren und noch während der Bauphase häufig geändert wurden. Die Architekten Ludwig Persius, Friedrich August Stüler und Ludwig Ferdinand Hesse mussten sich eng an die Vorgaben Friedrich Wilhelms IV. halten, dem ein bedeutender schöpferischer Anteil bei der Gestaltung des Schlosses zukommt. Der König, auf den die italienische Architektur Zeit seines Lebens eine große Faszination ausübte, fand für die Orangerie Vorbilder in der römischen Villa Medici und den florentinischen Uffizien. Aus dem dominierenden zweigeschossigen Mittelbau, dem ein Säulenhof vorgelagert ist, ragen zwei durch eine Säulenkolonnade verbundene Belvedere-Türme in die Höhe. Die weitläufigen, seitlich anschließenden und nach Süden ausgerichteten Hallen nahmen exotische Kübelpflanzen zur Überwinterung auf. Seitlich wird die Anlage durch weit hervortretende Eckpavillons mit großzügigen Durchfahrten abgeschlossen. Der in der Mitte des Hauptbaues gelegene und nach dem Vorbild der Sala Regia im Vatikan geschaffene prächtige Raffaelsaal vereint die in langer Sammeltätigkeit zusammengetragenen Kopien nach Werken des italienischen Renaissancekünstlers. Zu den nördlich gelegenen Wohnräumen, die im Stil des Zweiten Rokoko ausgestat-

Das monumentale, von italienischen Vorbildern inspirierte Orangerieschloss entstand in den Jahren 1851 bis 1864 nach Zeichnungen Friedrich Wilhelms IV. und nach Plänen seiner Architekten.

Das Denkmal Friedrich Wilhelms IV. vor der mittleren Portalöffnung gab seine Witwe Elisabeth 1873 bei dem Bildhauer Gustav Bläser in Auftrag.

Oben: Der Raffaelsaal wurde als Zentrum des Orangerieschlosses nach dem Vorbild der Sala Regia im Vatikan zur Präsentation der in langjähriger Sammeltätigkeit zusammengetragenen Kopien nach Werken des italienischen Renaissancemeisters Raffael erbaut.

Links: Die Sixtinische Madonna Raffaels in einer Kopie von Friedrich Bury.

tet wurden, gehört neben dem Schlaf- und dem Arbeitszimmer des Königs ein Gästeappartement mit dem Malachitzimmer, in dem die Zarin Alexandra Feodorowna, die Schwester Friedrich Wilhelms, logierte. Das Orangerieschloss ist das einzige Gebäude, das im Zusammenhang mit der von Friedrich Wilhelm IV. geplanten Triumphstraße ausgeführt wurde. Die von einer Reihe spektakulärer Bauten gesäumte Höhenstraße sollte vom Belvedere auf dem Klausberg durch die Torbögen der Eckpavillons bis zum realisierten Triumphtor zu Füßen des Winzerberges östlich der Bildergalerie führen. Das Ende der Bauarbeiten an den Terrassen, die wie die Fassade der Orangerie mit zahlreichen, vorwiegend zeitgenössischen Skulp-

Das Malachitzimmer wurde für die Schwester Friedrich Wilhelms, die russische Zarin Alexandra Feodorowna, eingerichtet, die das Zimmer während ihres Besuches im Jahr 1859 bewohnte.

turen geschmückt wurden, erlebte der König nicht mehr. Seine Gemahlin Elisabeth ließ ihm von Gustav Bläser ein Denkmal errichten, das in der Mitte der Portalöffnung aufgestellt wurde. Zu den Gartenanlagen, die für die Orangerie geschaffen wurden, zählte der südwestlich gelegene Paradiesgarten und der Nordische Garten im Osten, der mit dem Sizilianischen Garten ein kontrastierendes Gegenstück erhielt. Die südlich der Maulbeerallee gelegene Terrasse ließ Kaiser Wilhelm II. aus Anlass seines 25. Thronjubiläums im Jahr 1913 anlegen. Durch sie und das anschließende Parterre wurde die Anlage der Orangerie in den Park Sanssouci eingebunden.

In den langgestreckten Pflanzenhallen überwintern auch heute noch Hunderte südländischer Kübelpflanzen.

Das um 1845 von Ludwig Persius nach Skizzen Friedrich Wilhelms IV. erbaute Atrium im Paradiesgarten.

Die Futtermauer im Sizilianischen Garten, ehemals eine Obsttreibmauer, wurde 1862 für die Aufstellung von Bildwerken umgestaltet.

Der Sizilianische Garten entstand in den Jahren 1857 bis 1860 nach Plänen Peter Joseph Lennés.

Schloss Lindstedt

Im Jahr 1828 erwarb Kronprinz Friedrich Wilhelm (IV.) das nördlich des Neuen Palais gelegene Gut Lindstedt, das nach einem Vorbesitzer aus friderizianischer Zeit benannt war. Die Entwürfe für den Umbau des alten Gutshauses zu einem Schloss, das er zu seinem Alterssitz bestimmte, stammten aus der Feder Friedrich Wilhelms. Die Pläne, deren Erarbeitung sich über Jahrzehnte erstreckte und an denen die Architekten Ludwig Persius, Ludwig Ferdinand Hesse, Friedrich August Stüler und Ferdinand von Arnim mitwirkten, wurden schließlich in den Jahren 1859 bis 1860 von Hesse ausgeführt. Der klassizistische Villenbau vereint zahlreiche vom König geschätzte architektonische Elemente. Ein dem kasinoähnlichen Hauptbau angeschlossener langer Kolonnadengang verleiht der asymmetrisch gegliederten Anlage einen horizontalen Akzent, während ein Rundturm mit einem Säulenbelvedere als Höhendominante wirkt. Auch ein Portikus und ein Pavillon in Gestalt eines Tempels, zu dem eine Freitreppe hinaufführt, tragen zum antikisierenden, südländischen Gepräge des kleinen Schlosses bei.

Lenné gestaltete die Gartenanlage und das umgebende Terrain. Das Gebäude konnte seiner Bestimmung nicht mehr dienen, da der König Anfang 1861 verstarb. Das Schloss, dessen Inneneinrichtung nicht erhalten ist, erlebte seit seiner Erbauung eine Fülle unterschiedlichster Nutzungen und dient heute als Veranstaltungs- und Tagungsstätte.

Das Schloss Lindstedt wurde auf der Grundlage eines Vorgängerbaues als Altersresidenz Friedrich Wilhelms IV. um- und ausgebaut. Der König starb jedoch vor der Vollendung des Gebäudes.

Der Kolonnadengang verbindet das Gebäude harmonisch mit der Parklandschaft.

Schloss Sacrow und Heilandskirche

Kurz nach seinem Regierungsantritt im Jahr 1840 erwarb Friedrich Wilhelm IV. zur Bereicherung der Potsdamer Parklandschaft das nördlich der Stadt an der Havel gelegene Gut Sacrow mit dem dazugehörigen Park. Noch im selben Jahr beauftragte der König seinen Architekten Ludwig Persius mit den Planungen zum Bau einer Kirche »im italienischen Styl mit einem Campanile daneben« an der Südspitze der Landzunge. Friedrich Wilhelm selbst lieferte die Ideenskizzen für den Sakralbau. In den Jahren 1841 bis 1844 entstand die Heilandskirche mit einem freistehenden Glockenturm in architektonischer Anlehnung an frühchristliche Basiliken, wobei Persius die niedrigeren Seitenschiffe als umlaufenden offenen Säulengang gestaltete. Mit der Heilandskirche, die malerisch in die Havel ragt, erhielt die Seen- und Parklandschaft einen Blickpunkt von großer Ausstrahlung und Anziehung. An hervorgehobener Stelle am Ende der Hauptallee des Parks ließ Friedrich Wilhelm neben der Kirche eine Römische Bank nach antikem Vorbild als Aussichtspunkt am Havelufer erbauen.

Das zweigeschossige Gutshaus aus dem Jahr 1773 sollte auf Anordnung Friedrich Wilhelms als Alterswohnsitz für den von ihm hochverehrten Friedrich Baron de la Motte Fouqué eingerichtet werden. Der Dichter, der vom König 1840 nach Berlin berufen worden war, hatte seine glücklichsten Kinderjahre in Sacrow verlebt. Noch bevor er an den Ort seiner Kindheit zurückkehren konnte, verstarb Fouqué 1843 in Berlin. Friedrich Wilhelm trug sich nun mit dem Plan, das Gutshaus zu einer mittelalterlichen Burg mit Zinnen und massiven Türmen auszubauen, um dem Dichter und der in seinem Werk beschworenen romantisch verklärten Ritterwelt, die der König sehr schätzte, ein Denkmal zu schaffen. Der Plan zum Umbau des Hauses, das formell zum Schloss avanciert war, blieb jedoch unausgeführt. Der ehemals spätbarocke Garten war um 1800 bereits in Teilen zu einem frühen Landschaftsgarten mit geschwungenen Wegen beiderseits der alten Kastanienallee geformt worden. Lennés Umgestaltungsplan wurde aus Kostengründen nur an besonders markanten Punkten durch die Anpflanzung akzentuierender Gehölzgruppen verwirklicht.

Wie der Neue Garten und der Park Babelsberg erlitt auch der Sacrower Park durch den Bau der Berliner Mauer Zerstörungen im Uferbereich. Die Restaurierung der Heilandskirche, die inmitten der Grenzanlagen dem Verfall preisgegeben war, wurde 1995 nach zehn Jahren abgeschlossen. Seit 1994 wird der Park mit seinen Sichtachsen, historischen Wegen und Bodenmodellierungen in den ursprünglichen Zustand zurückversetzt.

Das Sacrower Gutshaus, das nach Ankauf durch Friedrich Wilhelm IV. zum Schloss avancierte.

Die sich malerisch in der Havel spiegelnde Heilandskirche wurde 1840 bis 1844 von Ludwig Persius in den Formen einer frühchristlichen Basilika erbaut.

Marmorpalais und Neuer Garten

Im Jahr nach seinem Regierungsantritt gab Friedrich Wilhelm II., Neffe und Nachfolger Friedrichs des Großen, den Bau eines Sommerschlosses im Neuen Garten am Ufer des Heiligen Sees in Auftrag. Nach Plänen des Baumeisters Carl von Gontard und unter dessen Leitung wurde in den Jahren 1787 bis 1791 ein nahezu kubischer, zweigeschossiger und mit einem Belvedere auf dem flachen Dach versehener Bau errichtet, der wegen der Verwendung von Marmor für die Fassadengestaltung den Namen Marmorpalais erhielt. Carl Gotthard Langhans, mit der Gestaltung der Innenräume beauftragt, schuf für den antikenbegeisterten Bauherrn eine Fülle frühklassizistischer Raumkunstwerke. Mit der Ausführung der Entwürfe waren Künstler und Kunsthandwerker wie Heinrich Friedrich Kambly, Constantin Satori, Christian Bernhard Rode und Johann Gottfried Schadow betraut.

Die Räume des Marmorpalais erhielten eine Ausstattung an Möbeln in höchster handwerklicher Perfektion, Skulpturen und kunstgewerblichen Gegenständen, darunter zahlreiche Keramiken aus der englischen Wedgwood-Manufaktur. Der aus Anhalt-Dessau stammende Architekt Friedrich Wilhelm Freiherr von Erdmannsdorff stand dem Bauherrn beratend zur Seite und erwarb in Italien kostbare Kamine aus Carraramarmor und Büsten für die Ausschmückung des Schlosses. Die Säle, Kabinette und Kammern gruppieren sich symmetrisch um den zentral gelegenen Treppensaal. Zu den Gesellschaftsräumen gehörten der ebenerdig und seeseitig gelegene Grottensaal, der als Speisezimmer genutzte wurde, und der Konzertsaal sowie das Orientalische Kabinett im Obergeschoss. Die privaten Wohnräume des Königs befanden sich mit dem Musikzimmer, dem Boisierten Schreibkabinett, dem Ankleidezimmer und dem Schlafkabinett im Erdgeschoss. In einiger Entfernung entstand am Südufer des Heiligen Sees nach Plänen von Langhans in historisierenden Formen die

Friedrich Wilhelm II. von Anton Graff (1789).

Das frühklassizistische Marmorpalais, dessen Hauptbau 1787 bis 1791 von Carl von Gontard und Carl Gotthard Langhans am Ufer des Heiligen Sees errichtet wurde, war die Sommerresidenz und der bevorzugte Aufenthaltsort Friedrich Wilhelms II.

Oben: Das Marmorpalais von der Gartenseite. Die eingeschossigen Erweiterungsbauten wurden erst nach dem Tod des Königs vollendet.

Rechts oben: Das in klassizistischer Strenge gestaltete und durch ein Oberlicht beleuchtete Vestibül. Eine elegant geschwungene Treppe führt zu den Räumen des Obergeschosses.

Rechts: Der zum Heiligen See sich öffnende, mit Stuckmuscheln und künstlichem Schilf verzierte Grottensaal diente als Sommerspeisesaal.

Gotische Bibliothek, die über 1.000 Bücher beherbergte und im nicht mehr erhaltenen Maurischen Tempel am Nordufer ein architektonisches Gegenüber besaß. Auch die Küche befand sich außerhalb des Schlosses. Sie verbarg sich hinter der Fassade einer römischen, scheinbar im See versinkenden Tempelruine neben dem Marmorpalais, mit dem sie durch einen unterirdischen Gang verbunden war. Die Räumlichkeiten des Palais, das zur bevorzugten Residenz des Königs avancierte, erwiesen sich bald als für die Hofhaltung nicht mehr aus-

Der Konzertsaal im Obergeschoss nimmt die gesamte Seeseite des Schlosses ein.

Der Wasserkrug aus Steingut wurde in der englischen Wedgwood-Manufaktur gefertigt.

Das Boisierte Schreibkabinett, in dem Friedrich Wilhelm II. 1797 verstarb.

Das von Carl Gotthard Langhans als türkisches Zelt gestaltete Orientalische Kabinett gehörte zu den Gesellschaftsräumen des Marmorpalais.

reichend, und so wurden dem Schloss zwei eingeschossige Flügelbauten angefügt, die mit dem Hauptbau durch Viertelkreisgalerien verbunden wurden und deren Rohbau noch nicht abgeschlossen war, als der Monarch im Jahr 1797 verstarb. Sein Sohn und Nachfolger, Friedrich Wilhelm III., ließ lediglich den Außenbau zu Ende führen, zeigte aber darüber hinaus kein Interesse am Schloss seines Vaters, das nun über vierzig Jahre ungenutzt und unvollendet blieb. Erst Friedrich Wilhelm IV. ließ den Innenausbau nach den Plänen seines Großvaters ausführen. Das Marmorpalais diente in der Folge fürstlichen Familienmitgliedern als zeitweilige Residenz. Kronprinz Wilhelm und seine Gemahlin Cecilie waren bis zur Fertigstellung des unweit gelegenen Cecilienhofes im Jahr 1917 die letzten Bewohner des Palais.

Die viertelkreisförmige Galerie verbindet den Hauptbau mit dem Südflügel und ist mit pompejanischen Wandmalereien dekoriert.

Das seit 1932 als Museumsschloss der Öffentlichkeit zugängliche Marmorpalais erlitt im Zweiten Weltkrieg große Schäden. Es wurde im Anschluss als Offizierskasino der Roten Armee und danach als Armeemuseum der DDR zweckentfremdet. Umfangreiche Restaurierungs- und Re-

Wie alle Räume der Seitenflügel erhielt auch der Ovale Saal im Südflügel seine Ausstattung erst unter Friedrich Wilhelm IV. Er diente als Speise- und Festsaal.

konstruktionsarbeiten wurden im Jahr 2004 abgeschlossen. Wiederhergestellt wurden auch die Uferbereiche des Gartens, die durch die Errichtung der innerdeutschen Grenzanlage zerstört worden waren.

Die Bezeichnung des Neuen Gartens signalisierte die Abkehr von der barocken Gartenkunst unter Friedrich dem Großen im »alten« Park Sanssouci, die dem Zeitgeschmack längst nicht mehr

Der Kloebersaal im Nordflügel wurde nach dem Maler August von Kloeber benannt, der zwischen 1845 und 1847 die mythologischen Wandgemälde schuf.

Oben: Künstliche Palmen verzieren die mit einheimischen Hölzern getäfelten Wände des Palmensaals, der in den Sommermonaten als Konzertsaal genutzt wurde.

Links oben: Hinter der Fassade einer künstlichen römischen Ruine befanden sich die Räume der Schlossküche, die durch einen unterirdischen Gang mit dem Marmorpalais verbunden waren.

Links: Eine Sphinx schmückt das klassizistische Ägyptische Portal der Orangerie.

entsprach. Unter der Leitung des Wörlitzer Gärtners Johann August Eyserbeck ließ Friedrich Wilhelm II., beeinflusst von den Ideen der Rosenkreuzer, einen sentimentalen Landschaftsgarten mit einer Vielzahl von Gebäuden und Parkarchitekturen anlegen. Geschwungene Wege erschlossen die asymmetrische Parkanlage, die durch unregelmäßige, ihrem Wuchs überlassene Anpflanzungen naturbelassen und ursprünglich wirkte. In kleinen, voneinander abgegrenzten Bereichen des Gartens sprachen stimmungsvolle Staffagebauten, Skulpturen und Gedenksteine als variantenreiche Bildfolgen das Sentiment, das Gefühl des Betrachters an. Zu den entstandenen Bauten gehörten neben einer Pyramide, die den Zugang zu einem Eiskeller bildete, die gleichfalls mit ägyptischen Motiven geschmückte Orangerie mit einem kostbar ausgestatteten Palmensaal, der im Sommer für Konzerte genutzt wurde, eine Meierei für die im Garten betriebene Milchwirtschaft und eine am See gelegene Muschelgrotte. Im Holländischen Etablissement am Eingang des Gartens waren Dienerschaft und Kavaliere untergebracht. Bereits vorhandene Wohngebäude wie das Grüne und das Rote Haus wurden in die Gestaltung des Parks integriert, der durch Geländekäufe stetig erweitert wurde. Peter Joseph Lenné löste ab 1816 die Kleinteiligkeit des Gartens in weiten Bereichen zugunsten der Weiträumigkeit des englischen Landschaftsgartens auf und ließ ihn durch die Schaffung von Sichtbeziehungen in die umgebenden Landschaftsräume und Gärten wie die Pfaueninsel, Sacrow, Glienicke und Babelsberg zu einem zentralen Bestandteil der Potsdamer Parklandschaft werden.

Rechts: Die von Carl Gotthard Langhans an der Südspitze des Neuen Gartens erbaute Gotische Bibliothek diente als Aussichtsturm und beherbergte auf zwei Etagen die Büchersammlung des Königs.

Unten: Die unweit des Marmorpalais gelegene Pyramide bildete den Zugang zu einem Eiskeller.

Belvedere auf dem Pfingstberg und Pomonatempel

Die weithin sichtbaren Türme des Belvederes, westlich des Neuen Gartens auf der Höhe des Pfingstberges gelegen, prägen als Aussichtspunkt die höchste Erhebung Potsdams und bilden selbst einen beeindruckenden point de vue. Wie bei vielen seiner Bauten gehen die Entwürfe, die in einem jahrzehntelangen Prozess reiften, auf den Bauherrn Friedrich Wilhelm IV. zurück. Vorlagen fand der König auch hier in den Bauten der italienischen Hochrenaissance, wie in dem nördlich von Rom gelegenen Casino Caprarola.

Das Belvedere, das einst als großzügiges Aussichtsschloss geplant war, ist ein Fragment geblieben, da die Pläne nur zum Teil ausgeführt werden konnten. Die Architekten Persius, Hesse und Stüler realisierten 1847 bis 1852 die monumentale Doppelturmfront und die als Arkaden gestalteten seitlichen Umfassungsmauern, die mit Kolonnaden bekrönt wurden. Die Gebäudeteile verbergen ein im Innenhof gelegenes Wasserreservoir für die geplanten Kaskaden und Fontänen der Pfingstberganlage. Die Schauarchitektur beherbergt mit dem Römischen und dem Maurischen Kabinett lediglich zwei als Teezimmer genutzte, kunstvoll gestaltete Räume in den Zwischengeschossen der Türme. Während die Arbeiten am Belvedere für zehn Jahre ruhten, entstand das Orangerieschloss im Park von Sanssouci. Die Krankheit Friedrich Wilhelms IV. und sein Tod im Jahr 1861 verhinderten die Vollendung des Belvederes. Das geplante, einen zweiten Innenhof abschließende Casino wurde nicht mehr verwirklicht, ebenso die großartigen Terrassen-, Treppen- und Gartenanlagen, die das Belvedere mit dem Neuen Garten verbinden sollten. Mit dem Bau einer Eingangshalle brachte Stüler im Jahr 1863 die Arbeiten am Belvedere auf dem Pfingstberg zum Abschluss.

Die Gestaltung des umgebenden Areals lag bei Lenné, der ab 1862 einen klassischen Landschaftsgarten schuf, in den die bereits vorhandenen Gebäude integriert wurden, wie der 1800/1801 erbaute Pomonatempel, der als das Erstlingswerk Schinkels gilt. Der kleine Pavillon zu Füßen des Belvederes wurde vom damaligen Besitzer des als Weingarten genutzten Geländes in Auftrag gegeben. Schinkel schuf einen kubischen, tempelartigen Bau mit einem Säulenportikus. Die Aussichtsplattform, zu der eine Wendeltreppe an der Rückseite des Gebäudes führte, überdachte eine Markise. Belvedere und Pomonatempel waren nach 1945 wegen der Nähe zu sowjetischen Militäranlagen gesperrt und dem Verfall preisgegeben. Die Wiederherstellung des Tempels wurde im Jahr 1993, die des Belvederes 2005 abgeschlossen.

Die 1847 bis 1863 unter Friedrich Wilhelm IV. entstandene majestätische Doppelturmanlage des Belvederes auf dem Pfingstberg krönt die höchste Erhebung Potsdams.

Mit dem Pomonatempel schuf der neunzehnjährige Karl Friedrich Schinkel um 1800 sein Erstlingswerk.

Schloss Cecilienhof

Das Schloss Cecilienhof, im nördlichen Teil des Neuen Gartens in Sichtweite des Marmorpalais gelegen, ist der letzte Schlossbau der Hohenzollern. In den Jahren 1914 bis 1917 nach Plänen des Architekten Paul Schultze-Naumburg von den Saalecker Werkstätten erbaut, sollte es die ständige Residenz des Kronprinzen Wilhelm, dem ältesten Sohn Kaiser Wilhelms II., und seiner Gemahlin Cecilie von Mecklenburg-Schwerin bilden, nach der das neue Schloss benannt wurde.

Der weitläufige, zweigeschossige Backstein- und Fachwerkbau, dessen Gebäudeteile sich um mehrere Höfe gruppieren, folgt architektonisch dem Stil des englischen Landhauses und fügt sich harmonisch in die Parklandschaft ein. Das Erdgeschoss des Mittelbaus, dem ein Ehrenhof vorgelagert ist, nahm die repräsentativen Wohnräume auf, deren dezent historisierende Innenarchitektur Eleganz mit modernem Komfort verband und den englischen Landhausstil im Inneren auf hohem kunsthandwerklichem Niveau fortsetzte. Den Mittelpunkt der Räumlichkeiten bildet die große holzgetäfelte Wohnhalle, die sich über beide Geschosse erstreckt und die über eine Treppe eine Verbindung zum Obergeschoss herstellt, wo sich die Privatgemächer des Kronprinzenpaares befanden.

Nach der Abdankung Kaiser Wilhelms II. wurde das Schloss verstaatlicht. Die kronprinzliche Familie erhielt jedoch ein lebenslanges Wohnrecht, das sie bis zum Ende des Zweiten Weltkrieges nutzte.

Das Schloss Cecilienhof wurde in den Weltkriegsjahren 1914 bis 1917 vom Architekten Paul Schultze-Naumburg im englischen Landhausstil als ständige Residenz von Kronprinz Wilhelm erbaut.

Der Rote Stern im Innenhof wurde anlässlich der von sowjetischer Seite ausgerichteten Potsdamer Konferenz aus Geranien gepflanzt.

Zu welthistorischer Bedeutung gelangte der Cecilienhof als Stätte der Potsdamer Konferenz. Vom 17. Juli bis zum 2. August 1945 verhandelten die Siegermächte des Zweiten Weltkrieges hier über das weitere Schicksal Deutschlands und Europas, da im kriegszerstörten Berlin kein geeigneter Ort zur Verfügung stand. Die Teilnehmer der Konferenz waren als Gründungsmitglieder der Anti-Hitler-Koalition der sowjetische Staats- und Parteichef Josef W. Stalin, der britische Premierminister Wins-

Zu den Räumlichkeiten der Kronprinzessin Cecilie gehörte ein kleines, als Schiffskabine gestaltetes Kabinett.

Seite 124: Die Große Halle war vom 17. Juli bis zum 2. August 1945 Austragungsort der Potsdamer Konferenz.

ton S. Churchill und der amerikanische Präsident Harry S. Truman als Nachfolger Franklin D. Roosevelts. Churchill wurde nach seiner Wahlniederlage während der Konferenz durch Clement Richard Attlee abgelöst. Die Konferenz, die von sowjetischer Seite ausgerichtet und deren Ergebnis im so genannten Potsdamer Abkommen niedergelegt wurde, fand in der Großen Halle statt, in der ein eigens für diesen Zweck gefertigter Konferenztisch aufgestellt wurde. Die Wohnräume der Kronprinzenfamilie wurden als Arbeitszimmer für die Delegationen mit Möbeln aus verschiedenen Potsdamer Schlössern eingerichtet. Der Unterbringung der Delegationen dienten zahlreiche beschlagnahmte Neu-Babelsberger Villen. Die Konferenzräume des Erdgeschosses sind seit 1952 als historische Stätte dem Gedenken an die Potsdamer Konferenz gewidmet.

Josef W. Stalin, Harry S. Truman und Winston S. Churchill während der Verhandlungen im Schloss Cecilienhof.

Schloss und Park Babelsberg

Das malerisch am Abhang oberhalb der Havel gelegene Schloss Babelsberg war über fünfzig Jahre lang die Sommerresidenz des Prinzen und späteren preußischen Königs und deutschen Kaisers Wilhelm I.

Das Schloss wurde in den Jahren 1834 bis 1849 in zwei Abschnitten errichtet. Die Pläne, die vom Geschmack des Bauherrn und seiner Gemahlin Augusta von Sachsen-Weimar geprägt waren, stammten aus der Feder Karl Friedrich Schinkels. Zunächst wurde aus Kostengründen mit dem östlichen Trakt nur ein Teil des Gesamtplanes verwirklicht, und es entstand unter der Leitung von Ludwig Persius in den Jahren 1834 bis 1835 ein Cottage im Stil der englischen Neogotik von bescheidener Größe und ausgewogenen Proportionen. Eine dem zweigeschossigen Bau östlich angefügte Pergola vermittelte zwischen Park und Gebäude, das mit dem achteckigen Speisesaal und späteren Teesalon seinen Mittelpunkt besaß. Die Kinderlosigkeit König Friedrich Wilhelms IV. führte 1840 zum Aufstieg seines Bruders Wilhelm in den Rang des Thronfolgers. Eine verbesserte finanzielle Ausstattung und ein gewachsenes Repräsentationsbedürfnis brachten Planungen für die Erweiterung des Schlosses Babelsberg mit sich, die über den ursprünglichen Plan weit hinausgingen. Ludwig Persius kam die Aufgabe zu, zwischen den Entwürfen des verstorbenen Architekten Schinkel und den veränderten Bedürfnissen des Bauherrn zu vermitteln. Der nach Persius' Tod 1845 hinzugezogene Architekt Johann Heinrich Strack vollendete den Bau des Westflügels, der den älteren Schinkelbau deutlich dominiert und überragt. Das so entstandene zinnenbekrönte Prachtschloss im romantischen Burgenstil mit Turmgruppe und einer unregelmäßigen und bewegten Fassade, gegliedert durch Strebepfeiler, Altane, Erker und gotische Ornamentik, steht in einem wirkungsvollen Kontrast zu der vis-à-vis auf Glienicker Seite

Kaiser Wilhelm I. von Paul Bülow (1883).

Das malerisch in die waldreiche Parklandschaft eingebettete Schloss Babelsberg war über fünf Jahrzehnte hinweg die bevorzugte Residenz Wilhelms I.

Für die Gewölbeausmalung des Tanzsaales mit Blattwerk und musizierenden Putten ließ sich Strack von mittelalterlichen Handschriften inspirieren.

gelegenen südländisch geprägten Schlossanlage des Prinzen Carl. Auch die Schlossräume wurden unter der künstlerischen Leitung von Strack architektonisch im Stil der Neogotik ausgestaltet und mit historisierendem Mobiliar eingerichtet. Das Zentrum der Schlossanlage bildet das mächtige Oktogon des neugotischen Tanzsaals mit umlaufender Empore, sternförmigem Rippengewölbe und mittelalterlich inspirierter Ausmalung. Zu den Repräsentationsräumen des neuen Flügels gehörte neben dem Tanzsaal der Speisesaal im Tudorstil, der sich über beide Geschosse erstreckt.

Mit der Anlage des Parks im Stil des englischen Landschaftsgartens war ab 1833 Peter Joseph Lenné betraut. Er legte ein Wegenetz an, das die landschaftlichen Reize des hügeligen Geländes erschloss und die Anhöhen des Parks miteinander verband. Den Anpflanzungen war wegen der Trockenheit des damals weitgehend baumlosen Terrains nur ein geringer Erfolg beschieden. Lenné wurde 1842 auf Betreiben Augustas von Fürst Hermann von Pückler-Muskau abgelöst. Der Schöpfer der Gartenanlagen von Bad Muskau und Branitz hatte größere gestalterische Freiheiten und stellte zunächst die Wasserversorgung des Parks sicher. Das Dampfmaschinenhaus an der Glienicker Lake, 1843 bis 1845 nach Plänen von Persius im normannischen Burgenstil erbaut, ermöglichte die Bewässerung des Parks und speiste Bassins, künstliche Seen, Wasserfälle und Fontänen. Pückler überformte und erweiterte das Wegesystem Lennés um schmale, raffiniert geführte Spazierwege, die durch abwechslungsreich gestaltete Landschaftsräume geleiteten und eine Fülle von Aussichten gewährten, die sich durch Sichtachsen und höher gelegene Aussichtspunkte auf die Havellandschaft und die Potsdamer Stadtsilhouette boten. Der Gartenkünstler ließ auf den Schlossterrassen üppige Blumenarrangements entstehen und überarbeitete den von seinem Vorgänger angelegten Pleasureground, den Gartenbereich in unmittelbarer Schlossnähe, durch Bodenmodellierungen und eine scheinbar zufällige Anordnung kostbar gefasster Blumenbeete.

Die Parklandschaft wurde an markanten Punkten durch eine Reihe mittelalterlich wirkender Gebäude bereichert. Das Kleine Schloss am Havelufer, ein 1841 bis 1842 im Stil der Tudorgotik umgebautes Gartenhaus, diente als Wohnung für den Kronprinzen Friedrich Wilhelm, den späteren Kaiser Friedrich III., und danach als Unterkunft für Hofdamen und Gäste. Der nach dem Vorbild des Eschenheimer Torturmes in Frankfurt am Main 1853 bis 1856 von Strack erbaute Flatowturm war als Wohnturm und Belvedere Refugium Wilhelms. Das Matrosenhaus, dem derselbe Architekt 1868 einen dem Stendaler Rathaus nachgebildeten Staffelgiebel vorblendete, beherbergte den für die königlichen Boote zuständigen Matrosen. Aus Teilen eines kurz zuvor in Berlin abgebrochenen Gebäudes aus dem 13. Jahrhundert gestaltete

Der zweigeschossige, sakral anmutende gotische Tanzsaal bildet den Mittelpunkt des Schlosses. Er wurde von Strack nach Entwürfen von Persius in neogotischem Stil gestaltet.

Der von Schinkel entworfene achteckige Teesalon liegt im Schnittpunkt zahlreicher auf den Park bezogener und über ihn hinausweisender Sichtachsen. Er war vor der Erweiterung des Schlosses der Speisesaal und gab das Vorbild für den Grundriss des Tanzsaales.

Aus einem Gartenhaus am Ufer der Havel entstand nach Vorgaben Augustas das Kleine Schloss im Stil der Tudorgotik. Es diente als Wohnhaus des Kronprinzen Friedrich Wilhelm und danach als Hofdamen- und Gästequartier.

Strack 1871 bis 1872 die Gerichtslaube auf der Lennéhöhe.

Nach dem Tod Kaiser Wilhelms I. im Jahr 1888 verwaiste das Schloss. Ab 1927 unter staatlicher Verwaltung, nutzten es nach dem Zweiten Weltkrieg nacheinander verschiedene Institutionen als Domizil, wobei die Räume ihrem jeweiligen Zweck entsprechend verändert wurden. Seit 1990 werden die Schlossräume für eine museale Nutzung restauriert. Der im Verlauf vieler Jahrzehnte verwilderte Park wird seit 1960 gartendenkmalpflegerisch betreut. In seinen ursprünglichen Zustand wurde auch der Uferbereich zurückversetzt, der in weiten Teilen durch die Berliner Mauer zerstört worden war.

Seite 130, oben links: Das Matrosenhaus beherbergte den für die königlichen Boote zuständigen Matrosen. Die 1868 vorgeblendeten Giebel sind stilistisch dem mittelalterlichen Stendaler Rathaus entlehnt.

Seite 130, oben rechts: Der Flatowturm, der als Aussichtsturm mit dem vis-à-vis gelegenen Belvedere auf dem Pfingstberg korrespondiert, folgt dem architektonischen Vorbild des Eschenheimer Torturmes in Frankfurt am Main.

Blick über den von Fürst Hermann von Pückler-Muskau gestalteten Pleasureground auf den Westflügel des Schlosses.

Die Gerichtslaube auf der Lennéhöhe entstand aus Teilen des um 1860 abgerissenen alten Berliner Rathauses.

Königliche Schlösser und Gärten in der Mark Brandenburg

Friedrich I. beauftragte um 1700 den französischen Architekten Jean Baptiste Broebes, einen nach Berlin geflohenen Hugenotten, alle Schlösser in und außerhalb der Stadt zu zeichnen und in Kupfers zu stechen. Mit einem prächtigen Album dieser Architekturansichten wollte sich der neue und erste preußische König am Wettbewerb der europäischen Höfe um Glanz und Prestige beteiligen. Das Tafelwerk erschien erst 1733 und enthielt neben den großen Schlössern in Berlin, Potsdam und Königsberg auch die zahlreichen kleineren Lusthäuser, die in der näheren Umgebung Berlins entstanden waren. Die Könige oder Mitgliedern ihrer Familien nutzten sie für verschiedene Zwecke, zum Beispiel als Sommerresidenz oder für die Jagd. Im Laufe der Jahrhunderte wechselten Anzahl und Zustand der Hohenzollernschlösser in den verschiedenen preußischen Regionen: sie wurden gekauft oder verkauft, man baute um oder neu, während andere leer standen oder z.B. als Manufaktur dienten. Charakteristisch ist ihre räumliche Konzentration auf die Mark Brandenburg, die nähere Umgebung der beiden wichtigsten Residenzen Berlin und Potsdam, sowie ihr besonderer künstlerischer und architektonischer Rang.

In Preußen war der zahlreiche Adel im Unterschied zu anderen Staaten und Höfen, z.B. in Frankreich oder England, mit dem König vor allem über die Armee oder die Verwaltung verbunden und verpflichtet. Die adligen Familien, die teilweise viel länger als die Hohenzollern in Brandenburg lebten, besaßen Hunderte von Schlössern und Herrenhäusern auf dem Lande. Nur wenige konnten aber an Größe und Bedeutung mit denen der Könige mithalten. Das Ende der Monarchie in Deutschland und die Enteignung der adligen Familien in der sowjetischen Besatzungszone nach 1945 haben diese ehemals reiche Adelskultur östlich der Elbe ausgelöscht. Trotz Kriegs- und Nachkriegsverlusten blieben an vielen Orten wenigstens die Schlossgebäude erhalten, die für die verschiedensten Zwecke umgenutzt und dabei häufig entstellt wurden. Von der Ausstattung blieb aber nichts oder nur sehr wenig erhalten. Die deutsche Wiedervereinigung eröffnete für viele dieser Schlösser und Herrenhäuser neue Perspektiven.

In diesem Zusammenhang übernahm die heutige Stiftung Preußische Schlösser und Gärten Berlin-Brandenburg seit 1990 in der Mark Brandenburg sechs Schlösser und deren Gärten, die sich aus der Residenzlandschaft der preußischen Könige um Berlin erhalten hatten: Rheinsberg, Oranienburg, Caputh, Königs Wusterhausen, Sacrow und Paretz. Trotz der zahlreichen Veränderungen durch andere Nutzungen waren entscheidende Bestandteile der Häuser und Gärten noch vorhanden. Teile des Inventars, seien es Möbel, Gemälde oder Tapeten, befanden sich in anderen Schlössern oder Depots. Manches konnte auch wieder gefunden oder zurückgekauft werden.

Nach intensiven Forschungen und begleitet von manch glücklichem Umstand sind in relativ kurzer Zeit diese Schlösser – bis auf Sacrow – inzwischen saniert und restauriert. Sie bekamen, soweit es möglich war, die historische Ausstattung zurück und sind als Museumsschlösser für die Öffentlichkeit zugänglich. Auch wenn die Arbeiten noch nicht vollständig abgeschlossen sind, dokumentieren heute gerade diese märkischen Schlösser die wechselnden künstlerischen Epochen, die vielfältigen internationalen Verflechtungen der preußischen Könige und den Wandel der politischen Verhältnisse vom 17. bis zum späten 20. Jahrhundert.

A LVDOVICA PRINCIP. AVRIAC. MATRE OPTIMA EXTRVCTAS NOM. GENTIS INSIGNIT AEDES FRIDERICVS TERTIVS ELECTOR IN MEMORIA PARENTIS PIETISS AMPLIAVIT ORNAVIT ET AVXIT MDCXC

Schloss Oranienburg

Das Schloss Oranienburg ist das älteste erhaltene Barockschloss in Brandenburg. Der Große Kurfürst Friedrich Wilhelm übereignete 1650 seiner ersten Gemahlin Louise Henriette von Nassau-Oranien das Amt Bötzow. Unter Verwendung von Mauern eines alten Landhauses ließ sie sich hier in den Jahren 1651 bis 1655 vom Baumeister Johann Gregor Memhardt, der seine Ausbildung in Holland absolviert hatte, ein Schloss nach dem Vorbild des niederländischen Klassizismus erbauen. Noch vor Fertigstellung des Hauses gab der Kurfürst dem Schloss zu Ehren seiner Gemahlin den Namen Oranienburg. Wenig später nahm auch die Stadt diesen Namen an.

Louise Henriettes Sohn, der Kurfürst Friedrich III. und spätere König Friedrich I., ließ das Schloss durch seine Baumeister Johann Arnold Nering und Johann Friedrich Eosander von 1689 bis 1711 umgestalten und durch den Bau zusätzlicher Flügel und Pavillons beträchtlich vergrößern. Er überformte den holländisch geprägten Landsitz seiner Mutter und schuf eine majestätische, von italienischer und französischer Barockarchitektur beeinflusste Schlossanlage. Mit dem Tod Friedrichs I. im Jahr 1713 begann der allmähliche Verfall von Schloss Oranienburg.

Eine kurze und letzte Blütezeit erlebte das Schloss als Landsitz des Prinzen August Wilhelm, dem Bruder Friedrichs des Großen, der es ihm 1743 auf Lebenszeit zur Verfügung stellte. Der Prinz nutzte es von 1744 bis zu seinem frühen Tod im Jahr 1758 als Residenz und ließ die barocken

Das Schloss Oranienburg, die älteste barocke Schlossanlage Brandenburgs, wurde von der Kurfürstin Louise Henriette von Brandenburg in den Jahren 1651 bis 1655 erbaut.

Kurfürst Friedrich Wilhelm von Brandenburg mit seiner ersten Gemahlin Louise Henriette von Nassau-Oranien von Pieter Nason (1666).

Die Etagere mit chinesischen Porzellanen vermittelt einen Eindruck von der einstigen Pracht der 1695 bis 1697 ausgestalteten Porzellankammer.

Seite 137: Die Stuckdecke der Porzellankammer. Das Gemälde von Augustin Terwesten aus dem Jahr 1697 ist eine Allegorie auf die Einführung des Porzellans in Europa.

Schlossräume im zeitgemäßen Rokoko-Stil umgestalten.

Kronprinzessin Luise erhielt das Schloss 1794 von ihrem Schwiegervater Friedrich Wilhelm II. als Geschenk, nutzte es aber nur selten für kurze Aufenthalte. 1802 wurde das verwaiste Schloss Oranienburg durch das königliche Hofmarschallamt veräußert und erfuhr im 19. und 20. Jahrhundert die unterschiedlichsten Nutzungen. Es beherbergte nacheinander eine Baumwollmanufaktur und eine chemische Fabrik, die zwei verheerende Brände verursachte, es diente als Lehrerseminar, Polizeischule und wiederholt als Kaserne. Die 1948 begonnenen Aufbauarbeiten beschränkten sich auf die Wiederherstellung des Außenbaues des im Zweiten Weltkrieg stark beschädigten Schlosses.

In den Jahren 1997 bis 1999 wurde das Gebäude grundlegend saniert und restauriert. Die Stadtverwaltung von Oranienburg und ein Kreismuseum nutzen heute den größten Teil des Schlosses. In Räumen des Nordwestflügels und des Mittelbaues, deren Grundriss wieder hergestellt wurde, ist seit dem Jahr 2001 ein Schlossmuseum eingerichtet.

HONI SOIT QUI MAL Y PENSE
HONI SOIT QUI MAL Y PENSE
HONI SOIT QUI MAL Y PENSE
HONI SOIT QUI MAL Y PENSE

Schloss Caputh

Die kleine barocke Schlossanlage Caputh ist der einzige erhaltene Schlossbau aus der Zeit des Großen Kurfürsten in der Potsdamer Kulturlandschaft. Bereits die Kurfürstin Katharina hatte sich nach dem Erwerb des Dorfes Caputh 1594 einen Landsitz erbauen lassen, der im Dreißigjährigen Krieg zerstört wurde. Der Große Kurfürst Friedrich Wilhelm schenkte das Gut 1662 seinem Bau- und Generalgartenmeister Philipp de Chieze, der auf den Fundamenten des Vorgängerbaues ein einfaches Landhaus errichtete.

1671 erhielt der Kurfürst das Gut Caputh zurück und übereignete es seiner zweiten Gemahlin Dorothea, die das Anwesen zu einer fürstlichen Sommerresidenz umbauen und erweitern ließ. Der Südseite des Gebäudes wurden zwei quadratische Pavillonbauten angefügt, die nördliche, zur Havel gelegene Seite erhielt eine doppelläufige geschwungene Freitreppe, die zu den herrschaftlichen Wohnräumen im Obergeschoss führte. Mit dem Festsaal und den Appartements für das Kurfürstenpaar entstanden prachtvolle Innenräume mit vergoldeten Stuckaturen und allegorischen Deckengemälden, ausgestattet mit kostbaren Stoffen und Möbeln, Marmorskulpturen und Porzellanen. Eine Vielzahl von Gemälden schmückte in dichter Hängung die Wände. In barocker Art wurde der Schlossgarten bis zum Havelufer in symmetrischen Partien angelegt.

Kurfürst Friedrich III., Sohn und Nachfolger des Großen Kurfürsten, machte Caputh seiner zweiten Gemahlin Sophie Charlotte zum Geschenk, die sich jedoch mit dem Schloss Lietzenburg eine neue, bevorzugte Residenz vor den Toren Berlins schuf. Caputh wurde nun zu einem favorisierten Aufenthaltsort des Kurfürsten, der die Anlage weiter ausgestalten ließ und sie 1709, mittlerweile zum König avanciert, zu einem Schauplatz des berühmten Dreikönigstreffens machte, an dem neben ihm der polnische König und sächsische Kurfürst August der Starke sowie der dänische König Friedrich IV. teilnahmen.

Aus einem Landhaus gestaltete Kurfürstin Dorothea die Sommerresidenz Caputh zu einem Schmuckstück herrschaftlicher Wohnkultur.

Kurfürst Friedrich Wilhelm von Brandenburg von Jacques Vaillant (um 1680).

Kurfürstin Dorothea von Brandenburg von Jacques Vaillant (um 1680).

Die glanzvollste Ära Capuths endete mit dem Tod Friedrichs I. im Jahr 1713. Sein Sohn, der »Soldatenkönig« Friedrich Wilhelm I., nutzte Caputh für gelegentliche Jagdaufenthalte und bereicherte das Schloss um 1720 durch den vollständig mit blau-weißen holländischen Fayencefliesen verkleideten Fliesensaal. Die nachfolgenden preußischen Könige zeigten kein Interesse an Schloss Caputh,

Das Schloss Caputh von der Südseite. Durch den Anbau zweier Eckpavillons auf quadratischem Grundriss entstand ein kleiner Ehrenhof.

Der prachtvoll mit vergoldeten Stuckaturen und einem Deckengemälde ausgestattete Festsaal bildet den Mittelpunkt des kleinen Schlosses.

Den Fliesensaal schuf Friedrich Wilhelm I. um 1720 durch die vollständige Verkleidung des Sommerspeisesaales mit holländischen Fayencefliesen.

das verpachtet und 1820 an die Familie von Thümen verkauft wurde. In ihrem Auftrag gestaltete man wenig später den Garten nach Plänen von Peter Joseph Lenné zu einem Landschaftsgarten um, den der Gartenkünstler durch einen Uferweg mit der Potsdamer Parklandschaft verband.

Nach umfangreichen Restaurierungsarbeiten wurde das Schloss im Jahr 1998 als Zeugnis brandenburgisch-preußischer Baukunst und höfischer Wohnkultur der zweiten Hälfte des 17. Jahrhunderts erstmals der Öffentlichkeit als Museumsschloss zugänglich gemacht.

Motive wie spielende Kinder und Stadtansichten zieren die holländischen Fliesen des Fliesensaales.

Schloss Königs Wusterhausen

Das Schloss Königs Wusterhausen ging aus einer 1320 erstmals erwähnten, an einem Übergang der Notte gelegenen mittelalterlichen Burg hervor, die sich im Laufe der Jahrhunderte im Besitz verschiedener märkischer Adelsfamilien befand. Um- und Neubauten Ende des 16. Jahrhunderts gaben der wehrhaften, mit einem Wassergraben umgebenen Anlage annähernd ihre heutige Gestalt. In den Besitz der Hohenzollern gelangte das Amt Wusterhausen durch Kurprinz Friedrich, den späteren König Friedrich I., der es 1683 erstand. Er ließ das Schloss renovieren, in Teilen umbauen und durch den französischen Gartenkünstler Siméon Godeau, Schöpfer der Gartenanlage in Charlottenburg, ab 1696 einen Garten in barocker Gestaltung entstehen. Der Kurfürst übereignete das Schloss im Jahr 1698 seinem zehnjährigen Sohn Friedrich Wilhelm, dem späteren »Soldatenkönig« Friedrich Wilhelm I., mit dem es bis zum heutigen Tag eng verbunden ist.

Nach seiner Thronbesteigung im Jahr 1713 ließ der Herrscher die Anlage durch zwei Kavalierhäuser erweitern. Friedrich Wilhelm verbrachte alljährlich die Wochen von August bis November mit seiner Gemahlin Sophia Dorothea und seinen zehn Kindern im Schloss Königs Wusterhausen, das bald zu seiner bevorzugten Residenz wurde. Die Aufenthalte waren durch die Jagd geprägt, die der König mit großer Leidenschaft betrieb, und durch die täglich abgehaltene Abendgesellschaft, das legendäre Tabakskollegium. Der König, der jeglichem höfischem Prunk abgeneigt war, führte eine äußerst sparsame Hofhaltung und pflegte einen beinahe bürgerlichen Lebensstil. Entsprechend schlicht war die Ausstattung der Schlossräume, die nur mit einem einfachen hellen Kalkanstrich versehen und zweckmäßig möbliert waren. Jagdtrophäen und Gemälde mit Jagdszenen

Das Schloss Königs Wusterhausen ist eng mit der Person des »Soldatenkönigs« Friedrich Wilhelm I. verbunden. Hier residierte er alljährlich für mehrere Monate.

Friedrich Wilhelm I. von Antoine Pesne (um 1733).

Das Tabakskollegium. Der Saal war der Schauplatz der Abendgesellschaften des »Soldatenkönigs«, an denen vor allem Militärs und Gesandte teilnahmen. Bei ausgiebigem Bier- und obligatorischem Tabakgenuss wurden in zwangloser Männerrunde Staatsfragen und Themen wie Politik, Moral und Religion diskutiert.

Das Tabakskollegium im Schloss Königs Wusterhausen. Georg Lisiewski zugeschrieben (um 1737).

Der rustikale Festsaal ist der repräsentativste und größte Raum des Schlosses.

schmückten die Wände, zahlreiche Porträts von Offizieren zeugten von der Vorliebe des Königs für das Militär. Nach dem Tod Friedrich Wilhelms I. im Jahr 1740 verwaisten Haus und Garten.

Eine Wiederentdeckung erfuhr das Schloss 1855 durch Friedrich Wilhelm IV. Die von ihm begonnene Renovierung wurde von Wilhelm I., seinem Bruder und Nachfolger, abgeschlossen. Ab 1863 lebte die Jagdtradition im Andenken an Friedrich Wilhelm I. in Königs Wusterhausen noch einmal auf. Sie endete 1913 mit dem letzten Aufenthalt Kaiser Wilhelms II. Nach dem Ende der Monarchie eröffnete die Preußische Schlösserverwaltung das Schloss 1927 als Museum.

Im Zweiten Weltkrieg beschädigt, nutzten es nach dessen Ende über Jahrzehnte verschiedene militärische und zivile Einrichtungen. Mit dem Abschluss der Wiederherstellungsarbeiten im Jahr 2000 wurde das Gebäude der Öffentlichkeit zurükkgegeben. Auch der Garten erfuhr in den noch erhaltenen Teilen eine Annäherung an sein früheres Aussehen.

Schloss und Park Rheinsberg

Das malerisch am Ufer des Grienericksees gelegene Schloss Rheinsberg war die Kronprinzenresidenz des späteren preußischen Königs Friedrich der Große. 1734 erwarb der »Soldatenkönig« Friedrich Wilhelm I. den alten märkischen Adelssitz für seinen Sohn und beauftragte den kurmärkischen Baudirektor Johann Gottfried Kemmeter mit der Umgestaltung und Erweiterung der kleinen einflügeligen Renaissanceanlage. Der Schlossflügel wurde zur Beherbergung der Kronprinzenwohnung aufgestockt und an der Stelle eines alten Torhauses das Corps de Logis erbaut. Nach der Vermählung Friedrichs mit Elisabeth Christine von Braunschweig-Bevern im Jahr 1736 siedelte das Kronprinzenpaar nach Rheinsberg über. Der Baumeister Georg Wenzeslaus von Knobelsdorff verwirklichte ab 1737 mit der Errichtung des Nordflügels und des Nordturmes sowie einer verbindenden Kolonnade den Gesamtplan einer Dreiflügelanlage. Der Baumeister lieferte auch die Entwürfe für die Gestaltung der Innenräume. Friedrich entwickelte im Zusammenspiel mit Künstlern wie Knobelsdorff, Glume und Pesne das Raumkonzept des friderizianischen Rokoko, das bei der Gestaltung des Spiegelsaales beispielhaft in seiner Frühform umgesetzt wurde und später mit den Raumkunstwerken von Schloss Sanssouci seine höchste Blüte erreichte.

In den Händen des vielseitig begabten Knobelsdorffs lag auch die Gestaltung des Gartens, der zugleich als Nutz- und Ziergarten in geometrischer Struktur auf der Schlossinsel und südlich davon als symmetrische, französischer Gartenkunst verpflichtete Anlage entstand.

In Rheinsberg ließ Friedrich für wenige Jahre einen Musenhof erstehen, an dem er sich neben vielfältigen Vergnügungen seinen philosophischen, literarischen und musischen Interessen widmete. Er befasste sich mit dem Studium der Geschichte, der Politik und der Werke antiker und französi-

In Rheinsberg verbrachte Friedrich II. nach eigenem Bekunden die glücklichsten Jahre seines Lebens. Nach seiner Thronbesteigung übereignete er die Residenz seiner Kronprinzenzeit seinem Bruder Prinz Heinrich von Preußen, der das Schloss fast fünfzig Jahre bewohnte und prägte.

Prinz Heinrich von Preußen von Anton Graff (um 1784–89).

Der von Knobelsdorff geschaffene und mit einem großen Deckengemälde von Antoine Pesne ausgestattete Spiegelsaal hat sich in der friderizianischen Form erhalten.

scher Schriftsteller und schrieb seinen berühmten »Antimachiavelli«, in dem er gegen Machiavellis Lehre vom skrupellosen Machterhalt die Position eines aufgeklärten Monarchen als Diener seines Staates bezog. Von Rheinsberg aus nahm Friedrich seinen Briefwechsel mit dem französischen Philosophen Voltaire auf. Eine wichtige Rolle im Hofleben spielte die Musik. Die Hofkapelle, für die der Kronprinz hervorragende Solisten nach Rheinsberg holte, war weithin berühmt.

Friedrich trat im Jahr 1740 die Nachfolge seines Vaters an. Er schuf sich mit dem Neuen Flügel des Charlottenburger Schlosses ein neues Domizil, bevor er sich einige Jahre später Schloss Sanssouci als Lieblingsresidenz erkor. Der König übereignete

Seite 149, oben: Die Paradeschlafkammer mit ihrer frühklassizistischen Ausstattung ließ sich Heinrich an der Stelle seiner früheren Bibliothek und des Chinesischen Zimmers einrichten.

Seite 149, unten: Auf dem Grundriss von ehemals vier Räumen ließ der Prinz nach Entwürfen von Carl Gotthard Langhans den Muschelsaal gestalten. Er vereint Dekorationselemente des Rokoko und des Frühklassizismus.

Die frühklassizistisch ausgestaltete Lange Kammer entstand durch die Vergrößerung der kronprinzlichen Goldenen Kammern, deren Wandvertäfelung erhalten blieb.

Im kreisrunden Turmkabinett befand sich die Bibliothek des Kronprinzen Friedrich. Den gleichen Grundriss wählte er später als König für seine Bibliothek im Schloss Sanssouci.

das Schloss Rheinsberg 1744 seinem Bruder Heinrich, der es 1753 nach seiner Vermählung mit Prinzessin Wilhelmine von Hessen-Kassel bezog und es fast fünfzig Jahre bis zu seinem Tod bewohnte. Prinz Heinrich ließ den Außenbau zunächst unangetastet, nahm aber weitreichende Umgestaltungen der Innenräume vor. Nur fünf Räume wurden in ihrer ursprünglichen friderizianischen Ausstattung belassen, darunter der als Konzertzimmer genutzte Spiegelsaal, den Pesne mit einem großen allegorischen Deckengemälde verziert hatte. Die ab 1766 nach Entwürfen des Architekten Carl Gotthard Langhans neu gestalteten Räume wie die Wohnung der Prinzessin Wilhelmine oder der Muschelsaal stehen mit ihren Dekorationen im so genannten Zopfstil am Übergang vom Rokoko zum Frühklassizismus. Letzte Veränderungen erlebte das Schloss ab dem Jahr 1785. Es erfuhr mit der Errichtung der beiden stadtseitig gelegenen Eckbauten durch den Baumeister Georg Friedrich Boumann d.J. eine beträchtliche Erweiterung. Mit der Langen Kammer, der Paradeschlafkammer und der Bibliothek entstanden in Heinrichs Ära neue, bedeutende Innenräume.

Wie sein königlicher Bruder, mit dem er viele Fähigkeiten und Vorlieben teilte, war Heinrich der französischen Kunst und Kultur zugetan. Er führte die Tradition des Musenhofes fort und ließ 1774 ein neues Schlosstheater mit einem Interieur im Stil des Frühklassizismus als westlichen Seitenflügel des unter Knobelsdorff errichteten Domestikenhauses erbauen. Dem virtuosen Können seiner Musiker und Schauspieler meist französischer Her-

Blick in die von Friedrich Reclam 1771 als Antikenraum gestaltete Gewölbte Kammer.

Der dem Schloss jenseits des Sees gegenüberliegende Obelisk auf der Höhe der Erdterrassen wurde 1791 zum Gedenken an Heinrichs Bruder August Wilhelm und zu Ehren der Helden des Siebenjährigen Krieges errichtet.

Die Feldsteingrotte am Seeufer ließ Heinrich ab 1753 als reizvolle Gartenarchitektur erbauen.

kunft verdankte das Theater, das mehrmals wöchentlich Aufführungen bot, einen glänzenden, bis nach Berlin und darüber hinaus reichenden Ruf.

So wie die Schlossräume die Entwicklung vom frühen friderizianischen Rokoko zum Frühklassizismus dokumentieren, zeugt auch der Garten von einem sich wandelnden Zeitgeschmack. Die Umgestaltung des symmetrischen Rokokogartens durch Heinrich gipfelte am Ende des Jahrhunderts in der Schaffung eines frühen Landschaftsgartens. Der Prinz bereicherte den Park mit einer Vielzahl von Bauten, von denen einige erhalten sind, darunter eine Feldsteingrotte und ein Obelisk auf der Anhöhe der Erdterrassen. Als seine letzte Ruhestätte ließ sich Heinrich eine Grabpyramide errichten.

Mit dem Tod Prinz Heinrichs im Jahr 1802 endete die glanzvolle Epoche von Rheinsberg. Bis zum Jahr 1945 blieb das Schloss, das bis dahin fast ein Jahrhundert lang für Besucher geöffnet war, im Besitz der Hohenzollern. Ab 1950 wurde es mitsamt der Nebengebäude als Sanatorium zweckentfremdet. Seit dem Jahr 1991 ist das Schloss Rheinsberg, dessen Restaurierung in einem kontinuierlichen Prozess verläuft, der Öffentlichkeit wieder zugänglich.

Figur der römischen Göttin Pomona am Eingangsportal des Schlosses.

Das Schloss Rheinsberg mit dem barocken Gartenparterre aus der Vogelperspektive.

Heinrich gestaltete die Schlossinsel mit einer Marmorgruppe und hölzernen Blumenkörben nach französischem Vorbild. Blick zum Obelisken.

Schloss Paretz

Das Schloss Paretz wurde als sommerliches Refugium Friedrich Wilhelms III. und seiner Gemahlin Luise von Mecklenburg-Strelitz im Jahr 1797 vom Landbaumeister David Gilly auf den Grundmauern eines alten Gutshauses errichtet. Die Räume des schlichten, klar proportionierten Baues erhielten eine Einrichtung im Stil des Berliner Frühklassizismus in bürgerlicher Ausprägung. Das Vestibül und der Gartensaal nahmen als Repräsentationsräume den Mittelrisalit des Gebäudes ein, daran schlossen sich östlich die Zimmerfluchten mit den Wohnräumen Friedrich Wilhelms und Luises an. Die Wände der mit hochwertigen Mahagonimöbeln und kunstgewerblichen Gegenständen ausgestatteten Räume wurden mit kostbaren bemalten oder bedruckten Papiertapeten von hoher künstlerischer und handwerklicher Qualität geschmückt. Die Tapeten mit vielfältigen Motiven und Mustern lieferten zum größten Teil Berliner Manufakturen.

In die Gestaltung der königlichen Residenz wurde das gesamte Dorf einbezogen, das Gilly als Musterbeispiel preußischer Landbaukunst neu erstehen ließ. Schloss und Dorf bildeten als Architekturensemble und Gesamtkunstwerk die Kulisse für die Sommeraufenthalte der königlichen Familie, die von 1797 an alljährlich in den Monaten August und September für mehrere Wochen mit großem Gefolge hier residierte. Abseits der strengen Berliner Hofetikette führte sie in dörflicher Idylle ein ungezwungeneres höfisches Leben in schlichterem Ambiente. Der mitangereiste Hofstaat wurde in eigens hierfür hergerichteten Bauernhäusern und Nebengebäuden untergebracht.

Die Napoleonischen Kriege erzwangen 1806 die Flucht der königlichen Familie nach Ostpreußen. Nach dem Tod Königin Luises im Jahr 1810 suchte der König Paretz regelmäßig mit seinen Kindern im Gedenken an Luise auf. Nach dem Tod

Friedrich Wilhelm III. und seine Gemahlin Luise von Mecklenburg-Strelitz von Friedrich Georg Weitsch (1799).

Das Schloss Paretz entstand 1797 in nur wenigen Monaten als ländliches Refugium Friedrich Wilhelms III. und seiner Gemahlin Luise.

Die Tapete im Schlafzimmer der Königin Luise wurde 1797 von der Glienicker Manufaktur Isaak Joel & Erben angefertigt. Die illusionistische Malerei zeigt Ausblicke auf das Marmorpalais in Potsdam und das Schloss auf der Pfaueninsel.

Detail der Tapetenborte des Wohnzimmers. Sie wurde 1797 von der Berliner Manufaktur John Christian hergestellt.

Die floralen Motive der Tapete des Gartensaals, der als Gesellschaftsraum diente, verschmelzen exotische und heimische Gärten zu einer Einheit.

Friedrich Wilhelms 1840 wurde das Schloss nicht mehr bewohnt, sondern als Erinnerungsstätte an das Königspaar bis zum Jahr 1945 in seiner originalen Ausstattung aus der Zeit um 1800 erhalten.

Das Ende des Zweiten Weltkrieges brachte den Verlust fast des gesamten Schlossinventars mit sich, lediglich die wertvollen Tapeten konnten 1947 geborgen werden. In den darauffolgenden Jahren erfuhr das Schloss, das nun zur Unterbringung eines Landwirtschaftsinstituts umgebaut wurde, mit der Entstellung der frühklassizistischen Fassade und Eingriffen in die Raumstruktur durch die Entfernung von Innenwänden gravierende Veränderungen.

Ab dem Jahr 1998 wurde der Außenbau des Schlosses wieder in seine ursprüngliche Gestalt zurückversetzt. Nach der Wiederherstellung der Innenräume konnten die restaurierten Tapeten an ihren angestammten Platz zurückkehren. Im Jahr 2001 wurde das Schloss Paretz der Öffentlichkeit als Museumsschloss übergeben.

Detail der asiatischen Importtapete im Gesellschaftssaal.

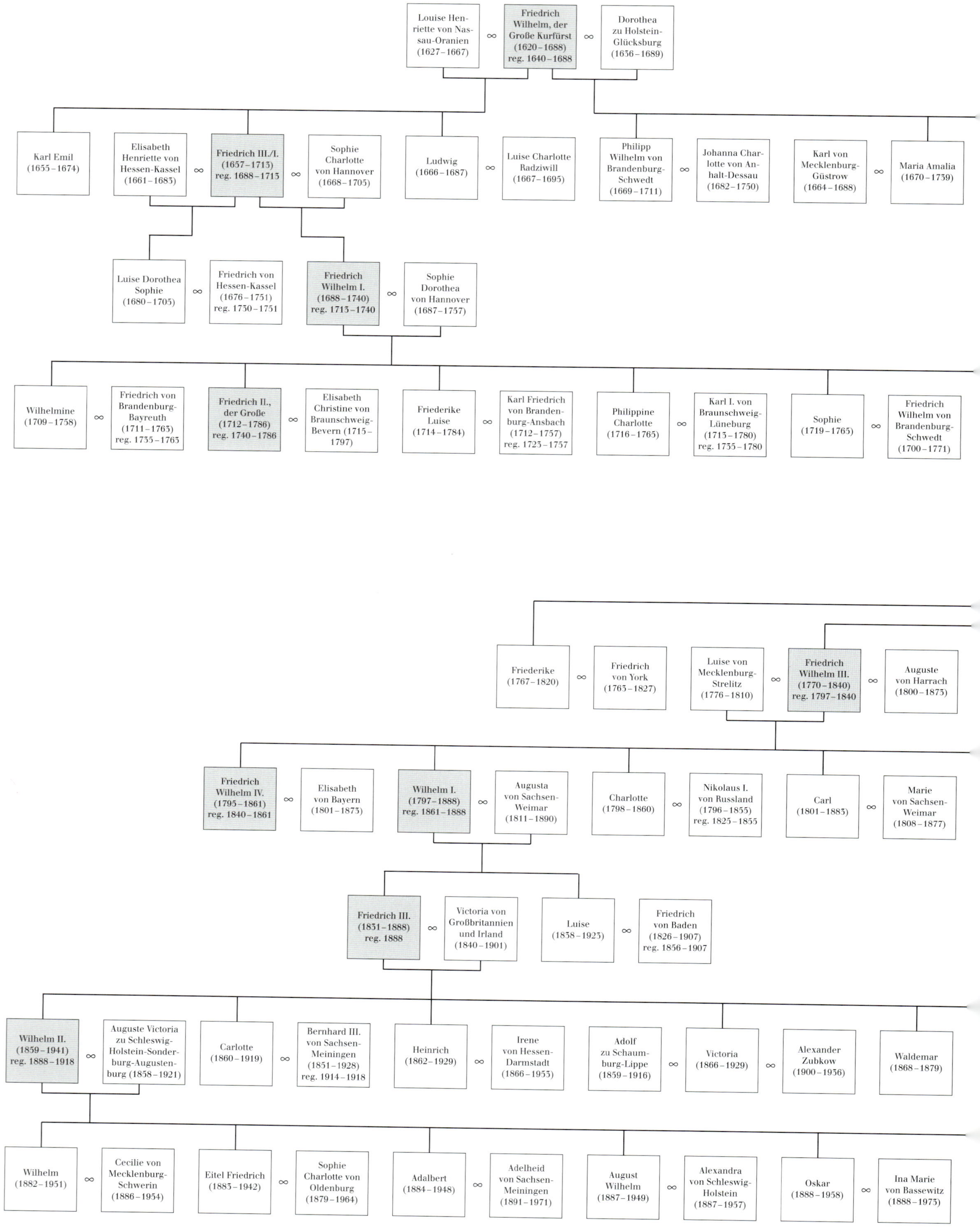
Louise Henriette von Nassau-Oranien (1627–1667)
∞
Friedrich Wilhelm, der Große Kurfürst (1620–1688) reg. 1640–1688
∞
Dorothea zu Holstein-Glücksburg (1636–1689)
Karl Emil (1655–1674)
Elisabeth Henriette von Hessen-Kassel (1661–1683)
∞
Friedrich III./I. (1657–1713) reg. 1688–1713
∞
Sophie Charlotte von Hannover (1668–1705)
Ludwig (1666–1687)
∞
Luise Charlotte Radziwill (1667–1695)
Philipp Wilhelm von Brandenburg-Schwedt (1669–1711)
∞
Johanna Charlotte von Anhalt-Dessau (1682–1750)
Karl von Mecklenburg-Güstrow (1664–1688)
∞
Maria Amalia (1670–1739)
Luise Dorothea Sophie (1680–1705)
∞
Friedrich von Hessen-Kassel (1676–1751) reg. 1730–1751
Friedrich Wilhelm I. (1688–1740) reg. 1713–1740
∞
Sophie Dorothea von Hannover (1687–1757)
Wilhelmine (1709–1758)
∞
Friedrich von Brandenburg-Bayreuth (1711–1763) reg. 1735–1763
Friedrich II., der Große (1712–1786) reg. 1740–1786
∞
Elisabeth Christine von Braunschweig-Bevern (1715–1797)
Friederike Luise (1714–1784)
∞
Karl Friedrich von Brandenburg-Ansbach (1712–1757) reg. 1723–1757
Philippine Charlotte (1716–1765)
∞
Karl I. von Braunschweig-Lüneburg (1713–1780) reg. 1735–1780
Sophie (1719–1765)
∞
Friedrich Wilhelm von Brandenburg-Schwedt (1700–1771)
Friederike (1767–1820)
∞
Friedrich von York (1763–1827)
Luise von Mecklenburg-Strelitz (1776–1810)
∞
Friedrich Wilhelm III. (1770–1840) reg. 1797–1840
∞
Auguste von Harrach (1800–1873)
Friedrich Wilhelm IV. (1795–1861) reg. 1840–1861
∞
Elisabeth von Bayern (1801–1873)
Wilhelm I. (1797–1888) reg. 1861–1888
∞
Augusta von Sachsen-Weimar (1811–1890)
Charlotte (1798–1860)
∞
Nikolaus I. von Russland (1796–1855) reg. 1825–1855
Carl (1801–1883)
∞
Marie von Sachsen-Weimar (1808–1877)
Friedrich III. (1831–1888) reg. 1888
∞
Victoria von Großbritannien und Irland (1840–1901)
Luise (1838–1923)
∞
Friedrich von Baden (1826–1907) reg. 1856–1907
Wilhelm II. (1859–1941) reg. 1888–1918
∞
Auguste Victoria zu Schleswig-Holstein-Sonderburg-Augustenburg (1858–1921)
Carlotte (1860–1919)
∞
Bernhard III. von Sachsen-Meiningen (1851–1928) reg. 1914–1918
Heinrich (1862–1929)
∞
Irene von Hessen-Darmstadt (1866–1953)
Adolf zu Schaumburg-Lippe (1859–1916)
∞
Victoria (1866–1929)
∞
Alexander Zubkow (1900–1936)
Waldemar (1868–1879)
Wilhelm (1882–1951)
∞
Cecilie von Mecklenburg-Schwerin (1886–1954)
Eitel Friedrich (1883–1942)
∞
Sophie Charlotte von Oldenburg (1879–1964)
Adalbert (1884–1948)
∞
Adelheid von Sachsen-Meiningen (1891–1971)
August Wilhelm (1887–1949)
∞
Alexandra von Schleswig-Holstein (1887–1957)
Oskar (1888–1958)
∞
Ina Marie von Bassewitz (1888–1973)

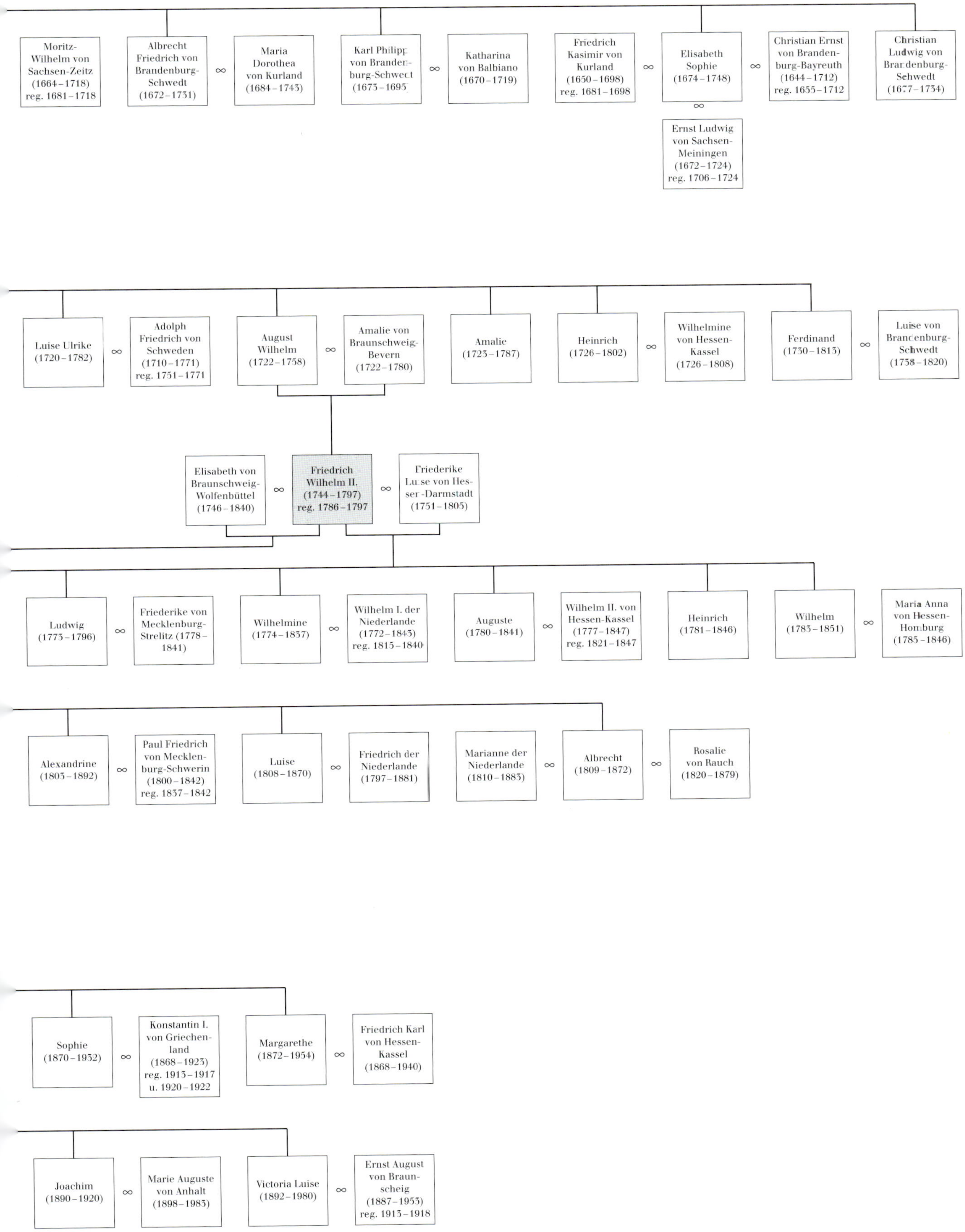
Moritz-Wilhelm von Sachsen-Zeitz (1664–1718) reg. 1681–1718
Albrecht Friedrich von Brandenburg-Schwedt (1672–1731)
∞
Maria Dorothea von Kurland (1684–1743)
Karl Philipp von Brandenburg-Schwedt (1673–1695)
∞
Katharina von Balbiano (1670–1719)
Friedrich Kasimir von Kurland (1650–1698) reg. 1681–1698
∞
Elisabeth Sophie (1674–1748)
∞
Christian Ernst von Brandenburg-Bayreuth (1644–1712) reg. 1655–1712
∞
Ernst Ludwig von Sachsen-Meiningen (1672–1724) reg. 1706–1724
Christian Ludwig von Brandenburg-Schwedt (1677–1734)
Luise Ulrike (1720–1782)
∞
Adolph Friedrich von Schweden (1710–1771) reg. 1751–1771
August Wilhelm (1722–1758)
∞
Amalie von Braunschweig-Bevern (1722–1780)
Amalie (1723–1787)
Heinrich (1726–1802)
∞
Wilhelmine von Hessen-Kassel (1726–1808)
Ferdinand (1730–1813)
∞
Luise von Brandenburg-Schwedt (1738–1820)
Elisabeth von Braunschweig-Wolfenbüttel (1746–1840)
∞
Friedrich Wilhelm II. (1744–1797) reg. 1786–1797
∞
Friederike Luise von Hessen-Darmstadt (1751–1805)
Ludwig (1773–1796)
∞
Friederike von Mecklenburg-Strelitz (1778–1841)
Wilhelmine (1774–1837)
∞
Wilhelm I. der Niederlande (1772–1843) reg. 1815–1840
Auguste (1780–1841)
∞
Wilhelm II. von Hessen-Kassel (1777–1847) reg. 1821–1847
Heinrich (1781–1846)
Wilhelm (1783–1851)
∞
Maria Anna von Hessen-Homburg (1785–1846)
Alexandrine (1803–1892)
∞
Paul Friedrich von Mecklenburg-Schwerin (1800–1842) reg. 1837–1842
Luise (1808–1870)
∞
Friedrich der Niederlande (1797–1881)
Marianne der Niederlande (1810–1883)
∞
Albrecht (1809–1872)
∞
Rosalie von Rauch (1820–1879)
Sophie (1870–1932)
∞
Konstantin I. von Griechenland (1868–1923) reg. 1913–1917 u. 1920–1922
Margarethe (1872–1954)
∞
Friedrich Karl von Hessen-Kassel (1868–1940)
Joachim (1890–1920)
∞
Marie Auguste von Anhalt (1898–1983)
Victoria Luise (1892–1980)
∞
Ernst August von Braunschweig (1887–1953) reg. 1913–1918

Besucherinformation

Die Schlossgärten sind täglich ab 6:00 Uhr bis zum Einbruch der Dunkelheit geöffnet.

Grundsätzlich können alle in diesem Buch vorgestellten Schlösser und historischen Gebäude besichtigt werden. Einige Schlösser sind ganzjährig geöffnet, andere nur in der Hauptsaison.

Allgemeine Informationen, aktuelle Öffnungszeiten und Eintrittspreise, Sonderveranstaltungen und Ausstellungen:

www.spsg.de

Besucherservice und Information:

Stiftung Preußische Schlösser und Gärten
Berlin-Brandenburg
Besucherzentrum an der Historischen Mühle

Postfach 601462
14414 Potsdam

Tel: (0049) – 0331 – 9694 – 202/203
Fax: (0049) – 0331 – 9694 – 107
E-Mail: besucherzentrum@spsg.de

Service und Reservierung für Gruppenreisen:
Tel: (0049) – 0331 – 9694 – 200/201

Angebote für Schüler und Lehrer:
Tel: (0049) – 0331 – 9694 – 200/201

Museumsshop:
www.museumsshop-im-schloss.de

Touristische Informationen, Unterkünfte, Verkehrsverbindungen:

in Berlin:
www.btm.de

in Potsdam und Brandenburg:
www.reiseland-brandenburg.de

Abbildungsnachweis:

© Stiftung Preußische Schlösser und Gärten Berlin-Brandenburg; Jörg P. Anders, Hans Bach, Klaus Bergmann, Fotostudio Boettcher, Roland Bohle, Jewgeni Chaldej, Reto Güntli, Roland Handrick, Hagen Immel, D. Katz, Daniel Lindner, Michael Lüder, Gerhard Murza, Wolfgang Pfauder, Leo Seidel, Barbara und René Stoltie. – Brandenburgisches Landesamt für Denkmalpflege und Archäologisches Landesmuseum, Messbildarchiv.